Dietrich Mendt

# Fünf Minuten Kirchengeschichte

*Anregungen aus der Geschichte der Kirche für die Gemeinde von heute*

Evangelische Verlagsanstalt Berlin

ISBN 3-374-00123-8



1. Auflage
Lizenz 420.205-95-87. LSV 6430. H 5835
Einbandgestaltung: Fred Westphal
Printed in the German Democratic Republic
Gesamtherstellung: Union-Druck (VOB), Halle (Saale)
00480

# Inhaltsverzeichnis

## *An den Leser*

Sie müßten ein anderer Mensch sein als ich, lieber Leser, wenn Sie gern Vorworte lesen. In diesem Fall bitte ich Sie herzlich, eine Ausnahme zu machen. Es ist wichtig, und ich will Sie nicht lange aufhalten.

Wenn Sie sich entschließen, vorliegendes Buch zu lesen, müssen Sie wissen: Dies ist ein tendenziöses, es ist ein einseitiges Buch! Es will Ihnen nämlich keinen repräsentativen Überblick über die Kirchengeschichte geben, in fünf Minuten – nein, wenn Sie das erwarten und wünschen, ist es Ihnen erlaubt, an dieser Stelle mit Lesen aufzuhören und das Buch dort umzutauschen, wo Sie es gekauft haben, gegen eine »richtige« Kirchengeschichte. Mein Buch will Ihnen Lust machen, über die Gemeinde heute nachzudenken. Es möchte Sie reizen, am Bau dieser Gemeinde mitzuarbeiten. Und es möchte Ihnen das Nachdenken über den Bau dieser Gemeinde erleichtern durch nachdenkliche Geschichten der Kirche. Es sind in der Regel Geschichten, die zeigen, wie man es machen muß, wenn man die Zeichen der Zeit verstanden hat und bereit ist, auf Gottes Wort zu hören. In ein paar Fällen zeigen sie auch, wie man es nicht machen soll.

Es sind keine erfundenen Geschichten. Auch wenn ich um der Lesbarkeit willen darauf verzichtet habe, in jedem Kapitel die Quellen nachzuweisen – ich stütze mich auf diese Quellen, und ich habe viele Jahre nach Quellen gerade für solche Geschichten gesucht. Meine Hoffnung ist, daß die Ideen von damals helfen könnten, auch heute Ideen zu entwickeln. Gott würde seine Freude daran haben.

*Dietrich Mendt*

# Israel gleich Israel

Wenn man die erste christliche Gemeinde charakterisieren will, dann muß man fast sagen: sie machte alle Anstrengungen, keine besondere Gemeinde zu sein! Es lag ihr vielmehr daran, von der jüdischen Gemeinde der damaligen Zeit nicht unterschieden zu werden. Denn die Christen verstanden sich so wie das ganze Volk Israel: als Gottes auserwähltes Volk, zu dem alle Israeliten gehörten. Sie hielten sich weder für besser noch für schlechter, sie hatten nur die Nähe Gottes in Christus erfahren und hofften, daß auch alle anderen sicher noch begreifen würden, daß in Jesus Christus der Messias gekommen war. So galt zunächst die Devise: »Nur nicht auffallen«.

Ihr Leben war das Leben der israelitischen Gemeinde. Sie blieben in allen Dingen im jüdischen Volks- und Kultusverband: Sie erkannten die Priester an – manche Priester wurden Christen und übten ihren Beruf weiter aus, ohne daß jemand daran Anstoß nahm (Apg 6,7); sie brachten Opfer dar – Paulus half ihnen sogar dabei (Apg 21,23 ff.); sie besuchten den Tempelgottesdienst – wahrscheinlich sogar wie die frommen Juden dreimal am Tage (Apg 3,1); ein Mann wie Petrus hielt sich an die Speisegebote, und als er sie einmal übertrat, mußte er sich rechtfertigen (Apg 11,1–3). Titus sollte beschnitten werden, weil das offenbar bei Nichtjuden, die in Jerusalem Christen wurden, so üblich war (Gal 2,3). Die Christen legten Wert darauf, als Israeliten ernst genommen zu werden. Denn sie sahen das Ende der Zeiten unmittelbar vor sich, da Christus wiederkommen und das ganze Israel bekehren würde – und bis dahin lohnte es sich nicht, eine neue Ordnung und eine eigene Gemeinde zu entwerfen.

Und trotzdem war da ein Unterschied zwischen denen, die von Christus gehört hatten, und denen, die ihn nicht kannten. Gerade dort, wo Jesus selbst um seiner guten Nachricht willen mit den Juden in Konflikt geraten war, dort gerieten die Christen auch in Konflikt. Sie setzten sich mit Zöllnern und anderen an einen Tisch, die von den Juden verachtet und vom Gottesdienst im Tempel ausgeschlossen waren – das bedeutete damals soviel wie: aus der ganzen Gesellschaft ausgeschlossen zu sein. Sie richteten innerhalb ihrer Gruppe gemeinsame Mahlzeiten für Witwen ein, das heißt, sie gaben ihnen nicht nur – wie die jüdische Gemeinde – ein Almosen, sondern räumten ihnen einen festen Platz in ihrer Gemeinschaft ein. Christen grenzten sich gegen niemanden ab, sie kannten keine Zulassungsbestimmungen; nicht einmal die Taufe war zu dieser Zeit schon so etwas wie eine Bedingung für das Christwerden, sie war eher eine Hilfe zum Glauben, eine Stärkung, ein Versprechen – ähnlich wie in der Bibel die Taufe des Johannes geschildert wird. Die Gemeinde wußte sich in allen diesen Fragen in der treuen Nachfolge Jesu. So hatte er gelebt, so »offen« war er, so treu war er dem Tempelgesetz.

Doch dabei blieb es nicht! Jeder erwartete vom anderen die Bekehrung. Aber weder wurden die Juden Christen, noch ließen sich die Christen von ihren »Sonderregelungen« abbringen. Lieber verließen sie die jüdische Gemeinde, lieber trennten sich die Juden von ihnen. Und allmählich setzte sich unter den Christen die Meinung durch, daß nicht das Volk Israel das Volk Gottes war, von dem die Schrift berichtete, sondern daß dieses Volk Gottes in der ganzen Welt zerstreut lebte. Christen verstanden sich jetzt als Erben und Gottes neues Volk, als das »wahre Israel«. Der erste, der von dieser neuen und entscheidend anderen Grundlage ausging und eine christliche und nicht mehr jüdische Gemeinde aufbaute, war der Apostel Paulus.

## Das wahre Israel

Alle Briefe des Paulus richten sich an Gemeinden, die selbständig geworden sind. Sie haben mit der Synagoge nichts mehr zu tun, auch wenn die Gemeindeglieder zu einem großen Teil noch Judenchristen sind. Die Christen fühlen sich jetzt als das »wahre Israel« (Röm 9,6–9), das sich nicht mehr mit dem jüdischen Volk deckt, sondern das »Israel Gottes« ist (Gal 6,16). Das »Bürgerrecht« in diesem Israel kann durchaus auch Heiden verliehen werden (Eph 2,12).

War es bisher nicht nötig, eigene und selbständige Formen zu suchen, wurde das nun aus zwei Gründen lebensnotwendig: Die Gemeinde als das »eigentliche Israel« mußte erkennbar sein, mußte sich sowohl von der Synagoge als auch von der Welt unterscheiden. Und die Welt, deren Ende man nicht mehr in unmittelbarer Zukunft erwartete, mußte von Christus erfahren, das heißt, die Gemeinde mußte »Mission treiben«, sie hatte eine Aufgabe. Und die Wahrnehmung dieser Aufgabe machte Ordnungen für die Gemeinde nötig.

Paulus schildert im 1Kor 14,26–30, wie eine solche Ordnung aussieht, wie es zugeht, wenn in einem Gottesdienst vorhandene Begabungen zu Wort kommen. Offenbar gab es keine Form der »Agende«, wie wir das heute gewöhnt sind, also eine Ordnung, die vorher festliegt und bei der jeder Besucher schon vorher weiß, was kommt, was ihn erwartet (er liest es an der Liedertafel und im Anhang seines Gesangbuches). Im Gegenteil: Jeder ergriff spontan die Initiative mit dem, was er konnte – Psalmensingen, Belehrung, Offenbarung, Zungenrede, Bibelerklärung.

Bei solcher Art des Gottesdienstes kann es natürlich sehr durcheinandergehen. Es kann passieren, daß mehrere gleichzeitig reden und deshalb keiner mehr etwas versteht. Es kann auch passieren, daß einer völlig unverständlich ist (beim Zungenreden), daß ihn die Gemeinde zwar hört, aber nicht begreift, weil keiner da ist, der die Zungenrede »übersetzen« kann. Deshalb muß eine Ordnung sein: Es soll nacheinander geredet werden, es sollen in einem Gottesdienst nicht mehr als zwei oder drei Propheten und zwei oder drei Zungenredner zu Wort kommen, Zungenredner aber nur dann, wenn sie selbst oder andere übersetzen können (1Kor 14,6–19).

Was bedeutet das? Es bedeutet, daß erst nachträglich geordnet wurde, was schon da war, lebendig da war, denn Ordnung dient dazu, Gemeinde zu »erbauen« (1Kor 14,26). So sind auch alle anderen Hinweise auf die Gestalt der paulinischen Gemeinden zu verstehen. Es war damals noch nicht so weit, daß eine vorhandene Ordnung Begabungen blockierte, denn sie waren Werk des Heiligen Geistes, und der Heilige Geist war das Zeichen der Anwesenheit Christi (2Kor 3,17). So gab es in diesen Gemeinden auch noch keine festen »Stellenpläne«, jeder brachte seine ganz besondere Gabe ein (vgl. 1Kor 12,27 bis 30; Röm 12,3–8; Eph 4,11f.). Im Unterschied zu den anderen Religionen des Orients gab es auch innerhalb der verschiedenen Begabten keine Rangordnung. Alle sind Glieder an einem Leibe (1Kor 12); dabei können die armseligsten und schwächsten Glieder mitunter die wichtigsten sein (1Kor 12,22). Nicht Ämter, zu besetzende Posten, sondern »alle, die mitwirken und arbeiten« (1Kor 16,16), sind anzuerkennen. Dabei kann es durchaus vorkommen, daß die Gemeinde vorhandene Gaben fester an sich bindet, indem sie sie bezahlt (1Kor 9,14ff.; 2Thess 3,9; Gal 6,6), und es kann auch sein, daß eine bestimmte Fähigkeit gebraucht und gesucht – und dann auch gefunden wird, zum Beispiel die eines geeigneten Reisebegleiters für Titus (2Kor 8,18ff.).

Allerdings werden die Dienste, die es mit dem Wort zu tun haben, immer am Anfang genannt. Sie scheinen besonders wichtig zu sein, denn sie machen verständlich, was in der Gemeinde und ihrer Mission geschieht, »verständlich« im wörtlichen Sinne, denn nur was verstanden wird, ist wirklich hilfreich. Dazu kann »Amen« gesagt werden (1Kor 14,16), dabei kann einer »ins Gericht genommen und von allen überführt« werden (1Kor 14,24). Die Gemeinde hat deshalb aber auch eine besondere Verantwortung: Paulus fordert in seinen Briefen immer das Urteil der ganzen Gemeinde heraus: sie muß »prüfen, was Gottes Wille sei« (Röm 12,2; Eph 5,10; 1Thess 5,21), sie hat die »Herrlichkeit des Herrn«, der der Geist ist, »im aufgedeckten Angesicht« (2Kor 3,17f.), sie hat das »Wort von der Versöhnung« (2Kor 5,19). Die paulinischen Gemeinden waren die ersten missionarischen Gemeinden.

## Neueste Nachrichten

In den Gottesdiensten der lutherischen Kirchen wird viel gesungen, und zwar nicht nur Lieder aus dem Gesangbuch, sondern auch die Liturgie. Die Meinungen darüber sind verschieden. Manche wünschen sich mehr: sie möchten gern, daß die Lesungen wie in der Alten Kirche gesungen werden – Epistel und Evangelium. Wer einmal eine Deutsche Messe der Michaelsbrüder mitgefeiert hat, wird wissen: das kann durchaus schön klingen. Aber manchem scheint, wenn nicht das Gesangbuch, so doch die Liturgie überhaupt überflüssig. Die Gesänge klingen ihm zu eintönig, zu wenig unserem heutigen musikalischen Gefühl entsprechend, zu altmodisch, zu langweilig. Jedenfalls ist dieses Kapitel ein beliebter und häufiger Streitpunkt, und es schadet vielleicht nichts, wenn man einmal erfährt, wie die alten Christen dazu gekommen sind, in dieser Weise im Gottesdienst zu singen. Denn die christliche Gemeinde singt in der Tat schon sehr lange so, und sie hat noch eintöniger gesungen.

In der jungen römischen Gemeinde wurden die biblischen

Lesungen wahrscheinlich immer gesungen, und zwar ohne Melodie, auf einem Ton. Nur der Schluß war unterschiedlich, je nach Feierlichkeit und Satzgliederung. Dabei war in den Evangeliengesängen noch etwas mehr Bewegung als in denen der Episteln. Aber man kann sagen, daß der Ton wichtiger war als die Betonung. Es gibt auch in unseren Gottesdiensten manche solcher »lateinischen« Sänger, die versuchen, möglichst alle deutschen Silben etwa der Abendmahlsworte oder des Kyrie gleich zu betonen, und stolz sind, wenn auf diese Weise keiner etwas davon versteht.

Merkwürdigerweise wirkte solches Singen aber in der Alten Kirche nicht langweilig. Im Gegenteil: wenn man solche Töne hörte, spitzte man unwillkürlich die Ohren. Und man hörte sie meist auch von draußen, weil viele Häuser, also oft auch die Häuser, in denen die Christen ihre Gottesdienste hielten, keine Fenster hatten, sondern nur Türen, und das heißt Türöffnungen. Nicht einmal das Gebäude, in dem der Senat seine Sitzungen abhielt, hatte Türen, so daß das ganze Volk zuhören konnte, wenn es nur wollte. Und sicher haben viele gewollt.

Und eben da sind wir beim Thema. Wenn nämlich der römische Senat (im ersten und zweiten Jahrhundert neben dem Kaiser das mächtigste Organ des römischen Weltreiches, vor allem für die Außenpolitik verantwortlich) seine Verlautbarungen veröffentlichte und wenn die Gerichte ihre Urteile bekanntgaben, dann bedienten sich die Ausrufer dieses Gesanges. »Neueste Nachrichten« hieß das, und das wußte jeder, der auf der Straße einen solchen Ton hörte. Dann lief er hinzu, um mehr zu erfahren. Diese Art der Nachrichtenübermittlung lag nahe, denn ohne Zeitungen und Rundfunk, ohne Nachrichtendienst und Fernsehen und bei dem Lärm, der auf den Straßen Roms herrschte, konnte man sich anders nicht verständlich machen. Ein solcher Ton war vernehmbar, er hob sich ab vom Klatschen, vom Singen und Schreien der Leute auf der

Straße. Und damit rechneten die Christen. Sie spekulierten auf die Neugier ihrer Mitbürger, mit Recht. Schließlich heißt Evangelium »gute Nachricht«. »Kommt in die Kirche und hört dort die neuesten guten Nachrichten!« Damit bediente sich die Kirche nicht nur einer damals modernen, sondern auch einer weltnahen und in sich spannenden Form.

Aber wie es scheint, haben sich die Motive unserer Liturgien etwas verändert. Zwar hören sie sich schön an, die Liturgien, aber aktuell wirken sie nicht!

## Eine Abendmahlsfeier im Jahre 150

Das Haus, in dem wir einen Gottesdienst besuchen wollen, könnte in Ephesus gestanden haben oder in Smyrna oder in Laodicea, jedenfalls in Kleinasien, denn unser Gewährsmann, Justin, wanderte zu jener Zeit im Gebiet der heutigen Türkei von Gemeinde zu Gemeinde und verbrachte seine Zeit damit, die Christen in der Auseinandersetzung mit den Heiden zu schulen. Aber er suchte auch das Gespräch mit den Heiden selbst. Gott sei Dank, möchten wir sagen, denn nur deswegen können wir einige seiner Schriften heute nachlesen, obwohl er selbst seinen Eifer hat teuer bezahlen müssen. Nachdem er die letzten drei Jahre seines Lebens in Rom verbrachte, starb Justin 165 den Tod eines Märtyrers, wahrscheinlich auf Befehl des Kaisers Mark Aurel, an dessen Vorgänger Antonius Pius er eine umfangreiche Schrift über den christlichen Glauben gerichtet hatte, eine »Apologie«, zu deutsch eine »Verteidigung«. Und dieser Schrift verdanken wir die Schilderung des Gottesdienstes:

Die kleinasiatischen Christen folgen dem Gottesdienst mit Spannung, obwohl er viel länger dauert, als wir es gewöhnt sind, und die meisten von ihnen schon mehrmals an den Abenden der vergangenen Woche miteinander das Abendmahl gefeiert haben. Die Christen sind es noch immer gewohnt, so oft wie möglich zusammen zu sein. Heute, am Sonntag, ist ein besonderer Gottesdienst, es wird gepredigt. Es geht festlicher zu als in der Woche. Und wenn der Priester die Gebete und die Einsetzungsworte vor dem Abendmahl spricht, bekommen wir eine Vorstellung davon, wie nahe wir im Abendmahl den Christen der ersten Jahrhunderte sind. Der Altar ist allerdings ein einfacher hölzerner Tisch und zeigt ein wesentlich anderes Bild als heute. Wo bei uns Kerzen stehen, ein Kreuz, ein Oblatenteller, eine Kanne mit Wein und ein Kelch, da herrscht ein ziemlich buntes Bild. Man könnte denken, die Gemeinde feiere gerade das Erntedankfest, denn auf dem Tisch liegen keine Oblaten, sondern eine Anzahl Brote. Und dort steht nicht eine Kanne mit Wein, nein: zwei, drei, vier Kannen stehen dort. Außerdem ein paar Krüge mit Öl, mehrere große Käse, Schalen voller Oliven, Früchte der verschiedensten Sorten und Blumen. Weder der Kirchner noch die Pfarrfrau haben das besorgt. Es sind Blumen und Früchte aus den Gärten der Gemeinde. Das alles ist ein gewöhnliches Bild. Es ist das Bild der Gemeinde und ihrer Kirche, ihres Altars am Sonntag. Die Gemeinde hat diese Gaben mitgebracht, und der Priester nimmt jetzt davon, was er für das Abendmahl nötig hat.

Nach dem Schluß des Gottesdienstes bleiben die Christen in Ephesus noch einen Augenblick zusammen. Eine Anzahl Männer empfängt Brote, Wein, Öl, Käse – alles, was auf dem Tisch gelegen hat –, bis er leer ist. Diese Männer heißen »Diakone« wegen des Dienstes, den sie jeden Sonntag übernehmen. Und man versteht, warum »Diakon« auf deutsch »Kellner« heißt. Wenn doch die Kellner heutzutage einen so guten Ruf hätten wie die Diakone!

Für die Verteilung der Gaben ist der Gemeindevorsteher verantwortlich, der übrigens nicht gleichzeitig der Priester ist. Er bestimmt, welche Witwen und Waisen, welche

Kranken und Armen, welche Gefangenen und welche Gäste, die sich vorübergehend in der Gemeinde aufhalten und auf Gastfreundschaft angewiesen sind, von den Gaben bekommen. Wenn die Diakone die Kirche verlassen, Brot und Wein im Herzen und auf den Händen, den Herrn Christus im Leib und auf dem Tablett, betrachten sie dies noch als einen Teil des Gottesdienstes. Sie haben im Ohr, was der Priester gesungen hat: »Das tut zu meinem Gedächtnis.« Alle gehören zur Tischgemeinschaft Jesu, alle haben Anspruch auf seine Hilfe und deshalb Anspruch auf die Liebe und Fürsorge ihrer Gemeinde. Wir verlassen den Gottesdienst in Ephesus nachdenklich, und vielleicht ist uns aufgegangen, daß unser Abendmahl heute oft isoliert neben unserem Alltag steht, isoliert neben den Freuden und Sorgen unserer Gemeinde, daß wir Christus nur »im Herzen tragen« und nicht auch auf den Händen.

## Allgemeinbildung für Christen

*Origenes*

Einer der wenigen bedeutenden Theologen der Alten Kirche, der schon aus einem christlichen Elternhaus stammte, war der Alexandriner Origenes. Sein Vater Leonidas erlitt im Jahre 202 das Martyrium, als sein Sohn gerade siebzehn Jahre alt war. Origenes redete dem eingesperrten Vater zu, ja nicht aus Rücksicht auf Frau und Kinder nachzugeben. Diese feste Glaubenshaltung bestimmte auch sein weiteres Leben.

Er hatte sicher von allen seinen theologischen Zeitgenossen die umfassendste Bildung, sprach vor Königen und Bischöfen und wurde hinzugezogen, wenn es darum ging, Ketzer zur Kirche zurückzurufen. Ein erhaltenes Gespräch mit einem Abtrünnigen zeigt nicht nur die Klugheit und Beredsamkeit, mit der er vorging, sondern auch seine Güte und Bescheidenheit. Er vermochte nicht nur zu widerlegen, sondern auch zu gewinnen. Mit über sechzig Jahren wurde er ins Gefängnis geworfen, blieb aber trotz härtester Folterungen seinem Glauben treu und konnte noch ein paar Jahre, zwar physisch schwer angeschlagen, aber geistig ungebrochen, in Freiheit verbringen. 254 starb er in Cäsarea.

Zu seinen bedeutenden Lebensleistungen gehört ein von ihm erdachter und gestalteter Ausbildungsweg für Menschen, die Christen werden und vielleicht auch in den Dienst der Kirche treten wollten, für Katechumenen (d. h. für Taufbewerber), später aber auch für Katecheten, für christliche Lehrer. Bischof Demetrius von Alexandria sicherte sich die einzigartige Begabung dieses Mannes und bat ihn, sich der Katechumenen Alexandrias anzunehmen. Aus dieser Art von Kursen entwickelte sich im Laufe der Jahre eine berühmte Schule, in der Christen und Heiden kostenlos unterrichtet wurden. Origenes hatte seine umfangreiche Bibliothek heidnischer Schriftsteller, ein Erbe seines Vaters, verkauft. Da Bücher damals ja nur handgeschrieben waren und deshalb ihre Preise sehr hoch lagen, konnte er davon leben und war nicht auf weiteren Verdienst angewiesen. (Später haben ihn Gönner mit den nötigen Mitteln versorgt, so daß er zeitweilig sieben »Stenotypisten«, sieben Bücherschreiber und noch einige Mädchen für das Schönschreiben beschäftigen konnte.)

Origenes entdeckte aber trotz eigenen Lehrens, daß er selbst noch viel lernen mußte. Heute könnte man das, was er tat, mit einem Fern- oder Abendstudium vergleichen. Er studierte die klassischen heidnischen Wissenschaften bei Ammonius von Alexandria, dem besten Lehrer seiner Zeit (aus dessen Schule später der berühmte heidnische Philosoph Plotin hervorging), und zwar ausdrücklich zu dem Zweck, die heidnische Philosophie besser widerlegen zu können. (Man hat ihm später vorgeworfen, daß er manches daraus in den christlichen Glauben übernommen habe.) Es wurde ihm über den eigenen Studien die Notwendigkeit, vieles zu wissen, so klar, daß er später von seinen Schülern ebensolche Studien verlangte.

Da der Ruhm seiner Schule und seines Namens immer größer wurde, war es vermutlich vor allem der Neid, der seinen Bischof 230/231 zu einem Verfahren veranlaßte, auf dessen Urteil hin Origenes aus Alexandria verbannt wurde. In der palästinensischen Hafenstadt Cäsarea wurde er mit offenen Armen aufgenommen und gründete dort wieder eine Schule, die in kurzer Zeit weltberühmt wurde.

Durch die Dankrede eines Schülers, der fünf Jahre bei ihm studiert hatte, ist uns der Ablauf eines Studiums an dieser Schule des Origenes bekannt geworden. Es wurden der Reihe nach gelehrt: eine Einführung in und Werbung für die christliche Philosophie, Logik, Dialektik, Physik, Geometrie, Arithmetik, Astronomie, Ethik, Theologie, Schriftauslegung. Aus diesem Studienplan wird deutlich, daß Origenes die damals modernsten pädagogischen Erkenntnisse anwandte. In gewisser Weise wird man sagen können, daß Origenes die Kirche in einer zweiten Weise zur Weltkirche gemacht hat. Zuerst wurde sie Weltkirche, weil das Evangelium sich in der ganzen damals bekannten Welt Bahn brach. Durch Origenes wurde die Kirche weltoffen, weil die Christen in die Lage versetzt wurden, sich mit allen Problemen dieser Welt auseinanderzusetzen.

Origenes soll mehrere tausend Schriften geschrieben haben. Seine asketische Arbeitswut brachte ihm den Spitznamen »der Arbeiter mit den ehernen Eingeweiden« ein. Er hat klargemacht, daß ein Evangelium, das für die ganze Welt bestimmt ist, die Kenntnis dieser Welt verlangt und voraussetzt.

# Das besondere Kennzeichen
*Tertullian*

Als das Latein Alltagssprache war, sprach die Kirche noch Griechisch. Vor allem ihre Schriften waren nur in griechischer Sprache verbreitet. Deshalb fanden sie zunächst keine Leser im Volk. In den Großstädten im westlichen Teil des Römischen Reiches wurde Ende des zweiten Jahrhunderts noch Griechisch gesprochen. Das Evangelium kam so nur zu den Privilegierten.

Das Verdienst, umfangreiche und zum Teil schwierige theologische Sachverhalte in der lateinischen Volkssprache erschlossen zu haben, gebührt einem Rechtsanwalt aus Karthago, einem hochgelehrten und scharfzüngigen Mann, Tertullian, der seine Ausbildung in Rom genossen und dort vermutlich zeitweise eine gutgehende Rechtsanwaltspraxis betrieben hatte. Wann und wie er Christ wurde, ist unbekannt. Aber seine Schriften lassen erkennen, daß er entweder im haupt- oder im nebenamtlichen Dienst seiner Gemeinde erwachsene Taufbewerber unterrichtete und wahrscheinlich auch ab und zu predigte. Später wurden seine Forderungen immer radikaler: Er vertrat die Ansicht, wer einmal Christ geworden sei, habe nach einem Rückfall keine Möglichkeit der Buße. Deswegen zerfiel er mit der katholischen Kirche. Man kann von ihm sagen, was er selbst einmal vom Apostel Paulus gesagt hat (den er im übrigen hoch verehrte): er schriebe »nicht mehr mit Tinte, sondern mit Galle«.

Die Kirche hat Tertullian noch anderes zu danken: Er ist nicht nur der erste, der sich im abendländischen Raum ausführlich mit der Dreieinigkeit beschäftigt hat, er leistete auch mit seinen Schriften den verfolgten Christen große Hilfe bei der Verteidigung ihrer Anschauungen. Eine seiner bedeutendsten Schriften heißt deshalb »Apologie«, also »Verteidigung«. Und in dieser Schrift malt er uns ein Bild der Gemeinde von damals so plastisch und auch so wirkungsvoll, daß man sich denken kann, eben diese Gemeinde sei es gewesen, die den Jurastudenten zum Christen gemacht habe. »Wir sind verbunden zu einer Gemeinschaft durch unser religiöses Bewußtsein, durch die Einheit unserer Ordnung, durch das Band der Hoffnung«, schreibt er. Und eben diese drei Dinge sind am Leben der Gemeinde abzulesen.

Da ist zuerst der Gottesdienst. »Wir kommen zur Betrachtung der göttlichen Schriften zusammen, wenn die Verhältnisse in der Gegenwart Ermahnung oder Erinnerung verlangen.« Also gibt es keine heiligen Zeiten und Tage wie in den anderen Religionen, sondern Zurüstung der Gemeinde für den Alltag an Hand der Schrift, entsprechend den Verhältnissen! In der Gemeinde nennt man sich »Bruder und Schwester«, weil man miteinander wie in einer Familie lebt. Das wird besonders deutlich am Umgang mit dem Geld, denn »wir sind auch in Angelegenheiten des Familienbesitzes Brüder«. Jeder gibt freiwillig das, was er kann, regelmäßig oder auch, wann er will. Das Geld wird verwendet »zur Unterstützung und zum Begräbnis der Armen, für elternlose Jungen und Mädchen, für Alte, die ans Haus gebunden sind, weiter für Schiffbrüchige, für die, die in den Bergwerken, auf den Verbannungsinseln oder in Haft sind – wenn es der Sache Gottes wegen ist –, sie alle werden für ihr Bekenntnis versorgt«. Es wird nichts davon erwähnt, daß für die Gottesdienste selbst Geld ausgegeben wird. Man kann sagen: Kirche – das Kirchengebäude und ihre Veranstaltungen – kostet nichts, nur ihr Dienst kostet etwas, ihr Dienst nämlich an denen, die in Not sind. An sie wird auch beim Abendmahl gedacht. Sie bekommen buchstäblich davon zu essen.

So kann Tertullian schreiben: »Diese großzügige Liebestätigkeit ist bei einigen unser besonderes Kennzeichen. Sie sagen: ›Sehet, wie haben sie sich gegenseitig so lieb!‹«

## Gottesdienst in der Markthalle

Die Geschichte, die wir im folgenden miterleben, ist eine erfundene Geschichte. Sie ist erfunden, weil wir aus den ersten Jahrhunderten keine Berichte darüber haben, wie der Bau einer Kirche vor sich ging. Wir kennen Grundrisse und ausgegrabene Reste solcher Kirchen, mit deren Hilfe wir unsere Schlüsse ziehen. Insofern ist diese Geschichte »wissenschaftlich« erfunden. Sie könnte so oder ähnlich passiert sein. Und wenn sie schon nicht in der Lage ist, Tatsachen wiederzugeben, so vermittelt sie uns doch ein Bild, wie es damals zugegangen sein könnte.

Es war in der Stadt Aquileja, einer Hafenstadt am Mittelländischen Meer, nordöstlich vom heutigen Venedig, von dessen Schönheit damals keiner wissen konnte, weil es noch gar nicht existierte. Man schrieb das Jahr 314. Noch war es für die Christen ungewohnt, nicht nur geduldet, sondern geachtet zu sein, seit ihnen ein Jahr vorher Konstantin und sein Mitkaiser Licinius uneingeschränkte Religionsfreiheit zugesichert hatten. Auch in Aquileja erwachte in der Gemeinde der Christen der Wunsch, für die Gottesdienste ein eigenes Haus zu besitzen und die Wohnungen der wenigen reichen Gemeindeglieder zu verlassen, die genug Platz hatten für eine Schar von Abendmahlsgästen. Einer dieser Reichen gab das Geld für den Kirchenbau. Wie sollte das Gebäude aussehen? Wie ein Tempel Jupiters oder Junos oder Saturns? Nein, ein Gottesdienstraum für Christen sollte kein Wohnsitz Gottes, sondern eine Versammlungsstätte sein. Jede größere Stadt hatte eine Versammlungsstätte, wie Rom so auch Aquileja. Sie stand immer am Forum, am Marktplatz, und diente dem Handel wie auch Gerichtsverhandlungen. Weil eine solche Halle zuerst in Athen gestanden hatte und dort die »Halle des Königs« hieß, auf griechisch »basilike«, so nannte man sie im Lateinischen »basilica«. Also bauten sich die Griechen von Aquileja eine Basilika, rechteckig,

durch zwei Reihen von je drei Säulen in drei Schiffe unterteilt, ein breiteres in der Mitte, zwei schmalere zu beiden Seiten. Eingänge und Fenster legte man wie bei den anderen Basiliken an die Längsseite. Sie grenzte an den Markt, so konnte man schnell hineingelangen. Für die Einwohner von Aquileja war diese kirchliche Basilika von einer gewöhnlichen fast nicht zu unterscheiden. Es fiel höchstens auf, daß sie ein wenig kleiner war. Sonntags wurde in der Mitte des Raumes ein Holztisch aufgestellt, damit die Gemeinde nach der Predigt das Abendmahl feiern konnte.
Später wuchsen diese Kirchen. Weil die Dächer größer wurden, brauchte man mehr Pfeiler. Und weil die Pfeiler den Eindruck eines oder mehrerer langer Gänge erweckten, verlegte man die Türen an die Schmalseite. Der Besucher trat dann durch dieTür in einen solchen Säulengang. Ein runder oder eckiger Anbau, die Apsis, schloß das andere Ende der Basilika ab. In dieser Apsis stand der Stuhl des Bischofs, noch später der Altar, nicht beweglich, sondern fest verankert, so daß er seinen Platz beibehielt, wenn kein Gottesdienst gehalten wurde.
Jetzt konnte niemand mehr die Kirche mit einer Markthalle verwechseln. Eigentlich schade!

## Rückkehr zum Opfer

Es gibt aber auch negative Entwicklungen in der Geschichte der missionarischen Gemeinden. Eine solche negative Geschichte beginnt sichtbar zu werden mit einem Stück Mosaikfußboden in der Kirche in Aquileja. In diesem Mosaikfußboden sind an seinem östlichen Rand vier Löcher eingelassen, und die Historiker haben festgestellt, daß diese vier Löcher aus dem fünften Jahrhundert stammen und die Stelle bezeichnen, an der der Altar gestanden hat. Vier weitere Löcher, ebenfalls für den Altartisch, befinden sich in der Mitte der Kirche. Warum wurde der Altar weggerückt? Warum steht der Altar heute immer an der östlichen schmalen Wand der Kirche und nicht in der Mitte? In der Mitte ist er doch als Tisch viel nützlicher, um den sich die Gemeinde schart, auf dem sie noch im vierten Jahrhundert ihre mitgebrachten Lebensmittel für das Abendmahl und für die Armen der Gemeinde ablegte, als Tisch, der in den Christen die Erinnerung wachruft an jenen Tisch, an dem Jesus am Gründonnerstag kurz vor seinem Tode mit seinen Jüngern saß.

Die »Wanderung« des Tisches hat einige Stationen. Zuerst wurde er von einem hölzernen Gitter umgeben, und das heißt, er wurde »heilig«, es durfte nicht mehr jeder an diesen Tisch treten. Diakone nahmen die Gaben der Gemeinde entgegen und legten sie auf dem Altar ab. Davon erzählt der Kirchenvater Eusebius am Ende des dritten Jahrhunderts. Das Konzil zu Laodicea bestimmte um 350, daß nur noch Priester an den Altar treten dürften. Die Gaben wurden nun von den Diakonen auf einen besonderen Tisch in der Sakristei gelegt. Frauen durften sich dem Altar überhaupt nicht mehr nähern, der nun offiziell nicht mehr »Tisch«, sondern »Opferaltar« hieß. Die Entwicklung schreitet so rasch voran, daß der berühmte Augustin (354–430) sich in einer Predigt schon nicht mehr erklären kann, warum der Altar eigentlich einmal ein »Tisch« geheißen habe. Der Gottesdienst ist Opfergottesdienst geworden, in dem der Priester das Opfer Christi am Altar »unblutig« nachvollzieht. Es ist nur folgerichtig, daß ein Konzil 517 festlegte: Altäre sollen grundsätzlich aus Stein bestehen – wie die Opferaltäre im Alten Testament.

Es ist kein Wunder, daß bei einer solchen heiligen Handlung der Altar vom Volk weggerückt werden mußte, daß zunächst eine Chorschranke, dann eine ganze Bilderwand (in der Ostkirche) und später mitunter ein hoher Lettner (wie im Naumburger Dom) das Geschehen am Altar den Blicken der Gemeinde entzog. Auch daß die Priester die

Messe leise lasen, wunderte keinen. Die Gläubigen waren es ohnehin aus den Mysterienreligionen gewöhnt, und das heißt, aus heidnischer Zeit. Die alten Opferkulte hatten viel Ähnlichkeit mit dem Meßopfer, das sich deshalb um so leichter in der Kirche einführen ließ. Und wie bei den alten heidnischen »Heroen« üblich, begrub man den christlichen Märtyrer unter dem Altar.

Luther fand eine vollendete Meßopferkirche vor. Er räumte mit dieser Kirche radikal auf, theologisch, in der Lehre, nicht aber in den Formen – da war er großzügig, sowohl was den Gottesdienst als auch was den kirchlichen Raum betraf. Aber er hat das Problem gesehen. In der »Deutschen Messe« 1526 schreibt er: »In der rechten Messe unter eitel Christen müßte der Altar nicht so bleiben und der Priester sich immer zum Volk kehren, wie ohne Zweifel Christus im Abendmahl getan hat. Nun, das erharre seiner Zeit!«

Es »erharrt« in den evangelischen Kirchen weithin noch immer.

## Das erste Krankenhaus

*Basilius*

Der spätere bekannte Bischof und Erzbischof Basilius, der in den Jahren 329 bis 379 lebte, nahm schon als junger Mann, obwohl aus reichem Hause, seinen Glauben besonders ernst. So besuchte er auf einer beschwerlichen Reise Einsiedler in Ägypten, die in Höhlen, ja zum Teil sogar auf hohen Säulen lebten, weil sie ungestört ihren Gebeten nachgehen wollten. Das machte auf Basilius großen Eindruck. Er entschloß sich, Priester zu werden. Später gründete er Klöster, in denen besonderer Wert auf Arbeit und Gemeinschaft gelegt wurde. Er entwarf eine Regel, die heute noch das Leben in den Klöstern der orthodoxen Kir-

chen bestimmt. In dieser Regel heißt es: »Kein Bruder weise die Arbeit unter dem Vorwand des Gebetes von sich, sondern wisse, daß für Gebet und Psalmensingen jede Zeit geeignet ist und er sein Gebet mit Loben und Danken verrichten kann, indes seine Hände arbeiten.« Darüber hinaus versuchte Basilius, den Klöstern eine Bestimmung zu geben, die über ihre Mauern hinauswies in die Gemeinde und in die Welt. Als er im Jahre 370 Bischof seiner Heimatstadt Cäsarea in Kappadozien wurde (nicht zu verwechseln mit dem berühmteren und größeren Cäsarea in Palästina), ließ er neun Jahre lang rings um seine Bischofskirche und um das Kloster aus eigenen Mitteln und aus Opfern der Gemeinde ein Haus nach dem anderen bauen, bis eine kleine Stadt für sich entstand. Sie war schließlich so groß, daß sie die Eifersucht und Kritik der städtischen Behörden hervorrief. Sie meinten, daß die Kirche ein wenig zu selbständig geworden sei. Aber Basilius hielt dem ebenso stand wie später – in einer viel ernsteren Auseinandersetzung über theologische Fragen – dem Kaiser selbst. Die »Stadt der Barmherzigkeit«, wie sie sein Freund Gregor von Nazianz in der Gedächtnisrede zu seinem Begräbnis nannte, beherbergte eine Anzahl von Anstalten der öffentlichen Fürsorge: Gasthäuser, Armenhäuser, Krankenhäuser und Seuchenbaracken. Damit deutlich wurde, wie nahe gerade Kranke und Arme seinem Herzen waren, lebte der Bischof inmitten der Krankenstadt, und es wird berichtet, daß er die Insassen seiner Anstalten zum Zeichen seiner Liebe umarmt und geküßt habe.
Das Krankenhaus war also eine Erfindung des Basilius. Bis dahin wurden vor allem Seuchenkranke aus Angst vor Ansteckung aus den Städten und Dörfern verwiesen und führten ein Leben in der Verbannung, ähnlich wie es bei Lukas 17,11–19 beschrieben ist. Eine allgemeine, geregelte Krankenpflege und -fürsorge hat – trotz der hochstehenden Heilkunst in Griechenland – erst das Christentum ermöglicht.

In einem späteren Bericht über die Krankenhäuser der christlichen Märtyrerin Fabiola in Rom werden an Krankheiten u. a. genannt: Erschöpfung, Hunger, Verstümmelungen, ausgestochene Augen, Gelbsucht, eiternde Wunden. Regelmäßig wurden Gemeinden von der Pest heimgesucht. Dann waren die Christen die einzigen, die sich den Kranken überhaupt näherten, christlichen wie nichtchristlichen.

Schon 368, als Basilius noch Stellvertreter des Bischofs war, sorgte er bei einer Hungersnot für regelmäßige Speisungen von Christen, Heiden und Juden, die gewöhnlich von den Christen noch mehr verachtet wurden als die Heiden. Gregor von Nazianz faßte das Wirken des Basilius so zusammen: »Mögen anderen Köche, glänzende Tische, ausgesuchte Delikatessen und Leckerbissen der Zuckerbäcker, prächtige Wagen und jede mögliche weiche und wallende Kleidung am Herzen liegen; dem Basilius liegen am Herzen die Kranken und die Heilung der Wunden und die Nachfolge Christi, indem er nicht mit dem Wort, aber mit der Tat den Aussatz reinigt.«

## Soldaten Christi

Daß in der Anfangszeit christlicher Gemeinden noch keine Kinder getauft worden sind, sondern nur Erwachsene, liegt auf der Hand. Nach einigen Generationen christlichen Glaubens wurde die Frage der Kindertaufe akut, und sie setzte sich durch, vor allem in den großen Kirchen. Eine Kindertaufe muß anders aussehen als die Taufe eines Erwachsenen. Eben weil sie anders aussehen muß, ist auch manches verlorengegangen, was in einer Kindertaufe keinen Platz hat, eigentlich aber in einer Gemeinde Jesu Christi Platz haben müßte.

In der Zeit der ersten Jahrhunderte bedeutete die Taufe

nicht nur Aufnahme in die Kirche, Übereignung des Täuflings an Christus, auf dessen Namen er getauft wurde, es ging um mehr. Hans-Ruedi Weber, ein bekannter Mann der ökumenischen Bewegung, hat die Taufe »die Ordination zum Laien« genannt. Mit der Taufe wurde der Täufling in den Orden der Laien aufgenommen, das heißt der »Glieder des Volkes Gottes« (griechisch heißt »laos« das »Volk«, hier also das Volk Gottes). Er wurde sozusagen »in Dienst gestellt«. Man sah darin eine Verpflichtung ähnlich der eines Soldaten im Dienste eines bestimmten Dienstherren. Die Christen waren die »Soldaten Christi«. Der Ausdruck »paganus« für einen Nichtchristen, der sich in christlichen Schriften dieser Zeit immer wieder findet, hat die Bedeutung »Zivilist«. Die Nichtchristen waren im Blick auf Gott – den Herrn, den »Dienstherrn«, den General, den Vorgesetzten – die »Zivilisten«, diejenigen, die keinen »Fahneneid« auf Christus geschworen hatten, kein »sacramentum«. Ursprünglich war nämlich mit »Sakrament« nur das Taufbekenntnis gemeint, das Bekenntnis, in dem sich der Täufling Gott verschrieb. »Schicke in sie deinen heiligen Geist, damit sie dir dienen nach deinem Willen«, heißt es in einem Gebet aus dem dritten Jahrhundert, das unmittelbar nach der Taufe gesprochen wurde.
Die ganze Taufvorbereitung hatte etwas »Militärisches« an sich. Sie war streng geordnet und dauerte in der Regel drei Jahre. Die »Katechumenen«, wie man die Taufbewerber nannte, durften zunächst nur am Unterricht teilnehmen, der in den Zehn Geboten und in den Grundfragen des Glaubens erteilt wurde. Nach eingehender Prüfung ihres sittlichen Lebenswandels wurden sie zur Taufe zugelassen. Nun nahmen sie auch am Gottesdienst teil und wurden mit der eigentlichen »Heilslehre« vertraut gemacht, blieben aber vom Abendmahl ausgeschlossen. In der Woche vor der Taufe hatten sie sich am Donnerstag zu baden, am Freitag wurde gefastet und am Sonnabend in Gegenwart des Bischofs ein öffentliches Sündenbekennt-

nis abgelegt. Der Bischof trieb unter Handauflegung die Dämonen aus. Die Nacht verbrachte man mit Gebeten und Schriftlesungen, und am Sonntag früh fand, mit dreimaligem Untertauchen des Täuflings, die Taufe statt. Eine dreimalige Salbung mit Öl war das Zeichen der Verleihung des Geistes, der den Christen zum Dienst fähig macht. Die Christen nannten sich nun die »Vollendeten«. Welche großen Hoffnungen man auf die »Vollendeten« setzte und mit welchem Vertrauen man sie in ihren neuen Dienst entließ, drückt eine Predigt des Kirchenvaters Chrysostomos aus, der im vierten Jahrhundert in Konstantinopel lebte: »So wirst auch du zum König, Priester und Prophet gemacht in der Taufe. Ein König, weil du die Taten der Sünder besiegt hast und zur Erde geworfen bist. Ein Priester, weil du dich selber Gott opferst und weil der Körper geopfert wurde, so daß du selber eigentlich geschlachtet wurdest, und mit Christus zusammen stark bist, so, wie du ja auch in ihm lebst. Und endlich ein Prophet, weil du weißt, was sein wird, und weil du von Gott gesiegelt, gestempelt bist, geradeso wie ein Soldat einen Stempel hat, so hast auch du einen Stempel, nämlich durch den Geist, und wenn du desertierst, so bist du offenbar vor allen, denn die Juden hatten die Beschneidung als Stempel, wir aber das Angeld des Geistes. Da du das nun alles weißt, so betrachte deinen hohen Stand und dein Leben, ein würdiges Leben.«

## Wer erfand das Buch?

Um es vorwegzunehmen: Man weiß nicht, wer das Buch erfunden hat! Man kann es nur vermuten. Aber es gibt ernst zu nehmende Forscher, die meinen, die Bibel habe einen erheblichen Anteil daran, daß aus der unhandlichen Buchrolle das Buch von heute entstanden sei. Der Ge-

danke liegt nahe, denn die ersten Bücher in der Gestalt, die wir kennen, waren Bibelhandschriften.
Wie wurde denn in den Zeiten vor Erfindung des Buches gelesen? Stellen wir uns einmal eine Zeitung vor, so wie sie in manchen Gaststätten aushängt für jedermann, der daran interessiert ist. Wie läßt sich eine Zeitung aufhängen? Ziemlich einfach: am linken Rand in einen langen Stock geklemmt. Wenn dieser Stock an seinem unteren Ende einen Griff hat, kann man die Zeitung sogar an diesem Griff halten und bequem lesen, kann sie auch – und ich habe das in manchen Gaststätten gesehen – um den Stock herumwickeln. Dann nimmt sie wenig Platz weg. Und fast hat der Leser mit einer solchen Zeitung eine kleine Schriftrolle in der Hand. Diese Rolle bestand ursprünglich allerdings nicht aus mehreren Seiten, sondern aus einer einzigen zusammengerollten Seite, die bis zu zehn Metern lang sein konnte. Sie war wie eine Zeitung von heute in Spalten nebeneinander beschrieben. Wer nun die Rolle, die ebenfalls auf einen Stab aufgewickelt war, an diesem Stab in der Hand hielt, mußte Spalte um Spalte abwickeln. Er las also eine Spalte herunter, wickelte die nächste Spalte auf und las weiter. Die bereits gelesenen Spalten wickelte er auf einen zweiten Stab wieder auf. In jüdischen Synagogen kann jeder dieses Verfahren bei den Schriftlesungen heute noch verfolgen, weil dort die gottesdienstlichen Texte handgeschrieben auf solchen Schriftrollen verzeichnet sind.
Wie sah nun ein »Bücherregal« aus, wenn man Schriftrollen aufbewahren wollte? Am Toten Meer ist nach dem zweiten Weltkrieg eine ganze Bibliothek solcher Rollen aufgefunden worden, und sie nahm sich aus wie eine Speisekammer. Die Rollen waren nämlich in mit Pech verschmierten Tonkrügen untergebracht. So wurden sie über Jahrtausende hinweg vor Feuchtigkeit geschützt.
Welche Erfindung, als jemand auf die Idee kam, die Rollen in Seiten zu zerschneiden und sie aufeinanderzuheften

zu einem »Kodex«, wie man das damals nannte! Der Umgang mit Büchern wurde nicht nur bequemer, man konnte jetzt auch beide Seiten des wertvollen Pergamentes beschreiben. »Kodex« heißt »Holzbrett« und erinnert an einen anderen Vorläufer des Buches, nämlich mehrere kleine Brettchen, die zum Beispiel zu Notizen dienten und die man ebenso aufeinanderheftete wie später die Pergamentblätter.

Die Forschung nimmt als Zeit für die Erfindung des Pergamentkodex das zweite Jahrhundert an, im fünften Jahrhundert ist er schon das allgemeine Gebrauchsbuch. Wer die Bibel liest, ist darauf angewiesen, viel nachzuschlagen, im Alten und im Neuen Testament, wenn er manche Kapitel verstehen will. Diesem Nachschlagen kam der Kodex entgegen. Mit einer Rolle machte es sich schlecht. Der heutige Leser kann sich gut vorstellen, daß die Christen bei der Erfindung des Kodex Pate gestanden haben.

## Ein Mönch für die Flüchtlinge

*Severin*

Um das Jahr 450 herum waren für die römische Provinz Noricum, die sich mit einem Teil des heutigen Österreich deckte, schwere Zeiten angebrochen. Die Germanen standen an den Grenzen. Ständige Überfälle bedrohten die Landbevölkerung, aber die römischen Truppen, die manchmal monatelang keinen Sold erhielten, wagten keine offene Feldschlacht. Nur in den Städten war man noch einigermaßen sicher. Dennoch konnte es nur eine Frage der Zeit sein, bis die ganze Provinz von den Germanen überrannt war. Die Hauptstadt Juvavum, das heutige Salzburg, wurde fast nur noch über die Salzach mit Nachschub versorgt. Unter der Bevölkerung herrschte allgemeine Panikstimmung. Da half ihr einer, weder Minister noch Gouverneur, sondern ein einfacher Mönch, der grundsätzlich barfuß ging. Er wohnte in einer winzigen bescheidenen Hütte am Fuße der Alpen und nahm nur einmal am Tage Essen zu sich, nämlich am Abend, weil er nur dann mit ruhigem Gewissen essen konnte, wenn er auch die Armen satt wußte – und das wußte er, wenn überhaupt, am Abend, nachdem er wieder einen Tag lang vielen von ihnen zu Kleidung und Verpflegung verholfen hatte. Dieser Mönch hieß Severin, und keiner wußte, woher er kam. Der Sprache nach konnte er aus Afrika stammen. Aus seiner Liebe zu östlichem Mönchtum könnte man schließen, daß er aus Kleinasien käme – man weiß es nicht. Er lebte als Einsiedler, aber als einer, der um der Not der Menschen willen immer wieder aus seiner Verborgenheit heraustrat, um zu helfen. Ständig warb er um Unterstützung für die Armen, so daß er ein regelrechtes »Hilfswerk« schuf. Er erhielt von den Vermögenden des Landes den Zehnten und erwarb dafür Kleidung und Speise für die Bedürftigen. Auch angesichts des Germanensturms half er, wo es nötig war. Mit seinem klaren Blick für das Wesentliche redete er Bewohnern und Soldaten zu auszuharren, solange ihm dies sinnvoll zu sein schien, und riet ihnen zur Flucht, wenn sie damit ihr Leben retten konnten. Wenn die Germanen bei ihren Überfällen immer wieder Menschen wegschleppten, verhandelte er und kaufte Gefangene frei.

Seine Persönlichkeit muß einen solchen Eindruck gemacht haben, daß ihm die Germanen ihre Achtung nicht versagten. Sogar die arianischen Rugier, die wegen ihres Glaubens in einem besonders scharfen Gegensatz zu Rom standen, zollten ihm ihren Respekt. Noch kurz vor seinem Tode hatte er ein Gespräch mit ihrem König Feva und dessen Frau Gisa; dabei warnte er sie vor Gewaltanwendung und ermahnte zur Milde. 482 ist er gestorben und auf seinen eigenen Wunsch von seinen Schülern in Italien, in der Nähe von Neapel, beerdigt worden, sah er doch

voraus, daß Noricum germanisch werden würde. Sechs Jahre nach seinem Tod verließen die letzten Römer die Provinz.
Heute gibt es bei den Vereinten Nationen einen »Hochkommissar für die Flüchtlinge« in aller Welt. Er hat nicht nur Autos, sondern auch Flugzeuge zur Verfügung, um jederzeit an jeden Ort reisen zu können, der seine Gegenwart verlangt. Der erste Hochkommissar für Flüchtlinge ging barfuß und hatte keine Macht hinter sich außer der seines Herrn Jesus Christus, aber sie reichte aus, um unzähligen Menschen das Leben zu retten.

## Gemeinde ohne Mission

Im Jahre 400 gab es in Nordafrika 400 Bischöfe, die allerdings wesentlich kleinere Sprengel zu versorgen hatten als ein Bischof von heute. Tausend Jahre später gibt es in dem riesigen Land nur eine Handvoll Dörfer, die sich christlich nennen. Woher kam das? Früher glaubte man, der Islam sei schuld. Aber als es im 9. Jahrhundert zu einer Christen- und Judenverfolgung durch die Mohammedaner kam, waren die Christen schon eine winzige Minderheit. Hans-Ruedi Weber, ein bekannter Name in der Ökumene, schiebt es auf das »verpaßte Kamel«.
Die Kirche in Nordafrika konzentrierte sich nämlich auf die Städte. Das hatte für das Christentum zwei verhängnisvolle Folgen. Einmal hielten sich vorwiegend die Oberschichten zur Kirche, die Kaufmannschaft und die höheren Beamten, und zum anderen war das kirchliche Leben von römischer Kultur geprägt. Das zeigte sich zum Beispiel darin, daß alle Bischofssitze innerhalb der Grenzen des Römischen Reiches lagen. Es gab kein »Diasporabistum« und also auch keine Mission unter den Berbern, den Ureinwohnern. Es kam höchstens vor, daß Punier Christen

wurden, und offensichtlich hatten sie einen so starken Hang, sich den Römern anzugleichen, daß sie sich sogar römische Namen zulegten. In der Kirche wurde lateinisch gesprochen. Zwar wollte Augustin, daß auch punisch gepredigt wurde, aber er selbst sprach es kaum. Die Sprache der Berber beherrschte er überhaupt nicht. Sie wurde in den Gottesdiensten nicht benutzt. Wenn jemand das Evangelium hören wollte, mußte er Latein lernen oder wenigstens Punisch, er mußte einer gehobenen Schicht angehören und in der Stadt wohnen oder doch mindestens in die Stadt gehen. Die Kirche kam nicht zu ihm.

Nun waren in Nordafrika schon im zweiten Jahrhundert die Elefanten ausgerottet worden, teils weil man sie fürchtete, teils weil man ihre Stoßzähne zur Elfenbeingewinnung brauchte. Um das Jahr 200 wurde als Verkehrs- und Transportmittel von dem römischen Kaiser Septimius Severus das Kamel eingeführt. Das bedeutete eine wirtschaftliche und soziale Revolution, ähnlich wie sie in der Neuzeit Eisenbahn oder Flugzeug verursachten. Die Wüste konnte nun bezwungen werden, denn Kamele kommen lange Zeit ohne Wasser aus. Die Kamele machten die Berber zu Nomaden, zu einem Wandervolk. Dieser Entwicklung war die Kirche nicht gewachsen. Nicht einmal die Sekte der Donatisten, die sich der Armen und Sklaven angenommen hatte und zeitweise fast die Hälfte aller Christen Nordafrikas zu ihren Gliedern zählte, konnte außerhalb der Städte Fuß fassen. Eine Kirche für Nomaden mußte beweglich sein. Sie durfte ihr Zentrum nicht in festgefügten Kirchen haben. Im Gegenteil, ihre Sendboten hätten auf Kamelen den Nomaden nachreiten müssen, um sie für Christus zu gewinnen.

Irische Wandermönche haben ganz Nordeuropa dem christlichen Glauben erschlossen, zu Fuß.

Mohammedanische Wandermönche aber nahmen sich der berberischen Nomaden an und gewannen sie für Mohammed, den Propheten Allahs.

## Evangelium unterwegs
### *Columba der Ältere*

Für weite Landstriche Europas begann die Geschichte des christlichen Glaubens auf einer winzigen Insel an der Westküste Schottlands, die nur zwei Wegstunden lang und anderthalb Wegstunden breit ist. Diese Insel heißt Iona oder – irisch – Hi. Dort landete 563 ein irischer Prinz und Priester, der in der Kirchengeschichte den Namen »Columba der Ältere« trägt. Mit zwölf Brüdern gründete er ein Kloster, dessen Geist Jahrhunderte hindurch mit seiner asketischen Strenge, seiner hohen wissenschaftlichen Bildung und seinem missionarischen Eifer europäisches Christentum prägte.

Irische Mönche zogen nach Schottland, England und Wales, nach Germanien, Gallien, nach Island und Italien. Ihr Leben und ihre Wanderungen waren Beispiele strikter Weltentsagung und zugleich praktischer Lebensverbundenheit. Ein Biograph Columbas schreibt, daß er »keinen Teil menschlichen Tuns gekannt habe, der nicht die Möglichkeit für den praktischen Ausdruck christlicher Ethik böte«. Auf Iona wurden Seelsorge und Heilkunde getrieben, Landbebauung, Holzschnitzerei, Haus- und Schiffsbau, der Bau von Kirchen und Klöstern, das Schmieden von Eisen, Brotbacken, Fischen und Jagen. Und dies alles war eingebettet in strengste Ordnungen des Gebetes und Gottesdienstes. Columba schlief buchstäblich auf Stein. Die Notiz eines Zeitgenossen hat sich bei den Ausgrabungen auf der Insel in den letzten Jahrzehnten wortwörtlich bestätigt.

Die Ausrüstung der Mönche auf den Wanderfahrten bestand aus den Worten der Schrift als dem Grund ihres Lebens und ihrer Verkündigung, einer Glocke als Erinnerung daran, daß ihre Botschaft eine öffentliche und keine heimliche sei, und einem Stab als Zeichen der Wanderschaft und der praktischen Tätigkeit. Mit dieser Ausrüstung und zwölf Gefährten verließ um 590 der bedeutendste Nachfolger Columbas, Columba der Jüngere oder Columbanus genannt, das Kloster Bangor in Irland und setzte auf das Festland über. Er lebte und missionierte in den Vogesen und – als er von dort vertrieben worden war – in Bregenz am Bodensee. Von dort aus wanderte sein Schüler Gallus in das Gebiet der heutigen Schweiz und gründete am Ort des späteren Klosters Sankt Gallen eine Mönchsniederlassung. Durch seine Wirksamkeit und die seiner Mitarbeiter wurden die auf dem Lande wohnenden Alemannen zu Christen. Diese Arbeit ist ein Schulbeispiel echter Mission. In diesem Gebiet gab es nämlich bereits Kirchen, und zwar in den Städten: in Zürich zum Beispiel und in Basel. Dort saßen Bischöfe, aber in ihren Gottesdiensten wurde lateinisch gesprochen, und alles kirchliche Leben hatte jenseits der Stadt seine Grenzen. Die in Einzelgehöften auf dem Lande wohnenden Alemannen – manche eingemeindete Vororte von Zürich wie zum Beispiel Hirslanden, Fluntern und Hottingen erinnern noch heute an ihre ehemaligen Bewohner – hatten nur dann eine Chance, Christen zu werden, wenn sie in die Stadt gingen und keine Scheu hatten, sich unter die vornehmere Stadtbevölkerung auf die Kirchenbänke zu setzen. Zu alledem mußten sie Lateinisch lernen, um überhaupt zu verstehen, worum es in der Kirche und im christlichen Glauben ging.

Gott sorgte dafür, daß sie das Evangelium »frei Haus« bekamen, daß es ihnen gebracht wurde, so wie Jesus selbst seine Sache zu den Menschen gebracht hat, auf die Marktplätze, in die Dörfer, an den See und auf den Berg. Und er benutzte dafür die irischen Wandermönche, Menschen, die eigentlich die Absicht gehabt hatten, der Welt ganz zu entsagen, und nun doch mitten in die Welt hineingingen und Menschen für Christus gewannen. Freilich nicht dahin, wo man seinerzeit überhaupt nur von »Welt« sprach, in die Städte, sondern aufs Land, in die alemannischen

Dörfer und Gehöfte. Dieselbe Methode, die die Nordafrikaner mohammedanisch werden ließ, machte das Schweizer Landvolk zu Christen.

## Stabilitas loci

*Benedikt von Nursia*

Es gibt aber in der Kirchengeschichte auch den umgekehrten Fall. In Europa waren ein paar Jahrhunderte lang fast alle Menschen unterwegs, entweder auf Eroberungszügen oder auf der Flucht vor Eroberungszügen. Wir nennen diese Zeit die »Völkerwanderung«.

Wer unterwegs ist, lebt primitiver als dort, wo er ständig wohnt. Er kann zum Beispiel keine Ernte abwarten, sich kein Haus einrichten. Leute, die unterwegs sind, leben von der Hand in den Mund. Und wenn Gruppen unterwegs sind, um neue Länder zu erobern, dann nehmen sie sich, was sie brauchen. In einem Bericht aus dem Römischen Reich, niedergeschrieben im sechsten Jahrhundert, heißt es, im Appenin backe man Brot aus Eicheln, man esse Brennesselbrei, Hunde, Ratten und sogar Exkremente, und in Rom blieben die Toten unbeerdigt, weil es zu viele seien. In dieser Zeit rief ein frommer Mann den Menschen zu: »Nun werdet doch endlich wieder seßhaft! Laßt euch irgendwo nieder! Hört auf, umherzuwandern und Kriege zu führen und zu fliehen!« Er forderte die »stabilitas loci«, die »Stabilität des Ortes«, die Seßhaftigkeit. Dieser Mann hieß Benedikt von Nursia und lebte etwa von 480 bis 543. Vermutlich war er nicht einmal geweihter Priester, doch schon als Eremit gerühmt wegen seines Glaubens, so daß er zum Abt eines Klosters gewählt wurde. Offenbar haben die Mönche ihre Entscheidung später bereut. Es heißt, er sei zu streng gewesen, er wurde deshalb wieder vertrieben. 529 gründete er ein eigenes Kloster, Monte Cassino. In dieser Siedlung machte er Menschen seßhaft.

Am Anfang der inzwischen berühmt gewordenen Benediktinerregel heißt es, Benedikt wolle nichts anderes, als eine gewisse Anständigkeit und Beständigkeit ins Leben einführen. Unstete, friedliche, aber auch kriegerische Wanderer, solche aus feindlichen Lagern, Germanen, Griechen und Römer, siedelten sich an und rodeten Wälder, legten Wiesen und Felder an, lernten lesen und schreiben und lebten nicht mehr als Feinde, auch nicht mehr als Herren und Sklaven, sondern als Brüder mit einem Vater, dem Abt, dem jeder wie einem Vater gehorchte, weil er mit Güte und nicht mit Macht regierte (in wichtigen Entscheidungen hatte der Abt den Rat der Mönche einzuholen). Manche Historiker bezeichnen das Jahr 529 als Geburtsstunde des christlichen Abendlandes und damit als Geburtsstunde einer neuen Kultur, die die alte Kultur der Antike ablöste. In diesem Jahr wurde folgerichtig die Akademie in Athen durch Kaiser Justinian geschlossen.

Die Mönche Benedikts gingen ihrer Arbeit im Rahmen einer festen geistlichen Ordnung nach, zu der nicht nur Armut, Gehorsam gegenüber dem Abt und Keuschhheit gehörten, sondern auch ein fester, vom regelmäßigen Gebet bestimmter Tageslauf. Viele andere katholische Orden haben die Regel Benedikts übernommen und betrachten sie noch heute als Grundlage ihres geistlichen Lebens.

Das Wesentliche aber liegt in dem Aufruf zur Seßhaftigkeit. Eigentlich steht dieser Aufruf der Art der Nachfolge entgegen, von der im Neuen Testament die Rede ist. Die Jünger waren mit Jesus ständig unterwegs, denn »des Menschen Sohn hat nichts, wo er sein Haupt hinlege« (Mt 8,20). Auch Paulus ist als Missionar des Evangeliums ständig auf Wanderschaft gewesen. Entspricht es überhaupt dem Willen Jesu, seßhaft zu werden? Benedikts Glaube war lebendiger Glaube und sein Gehorsam lebendiger Gehorsam. In einer Zeit kriegerischer Bewegung, endloser Flucht, rastloser Wanderschaft war es im Sinne Jesu, Menschen zur Seßhaftigkeit anzuhalten und damit wirklichen Frieden überhaupt erst möglich zu machen. Sicher würde Benedikt, lebte er heute, keine Hemmungen haben, allzu bequemen Phlegmatikern zuzurufen: »Im Namen Jesu sage ich euch: Bewegt euch! Steht auf! Tragt das Evangelium weiter!« Aber anderen würde er vielleicht auch heute wieder sagen: »Werdet endlich seßhaft!«

## Mission im Götzentempel

*Augustin von Canterbury*

König Ethelbert von Kent hatte in der Stadt Canterbury, dem Königshof von Kent, seine Residenz aufgeschlagen. Zwar stand inmitten dieser Stadt eine kleine christliche Kapelle aus der Zeit der Römer und eine zweite draußen vor den Toren, zwar hatte Ethelbert eine christliche Frau, aber im Volk der Angelsachsen herrschte das Heidentum, standen Götzentempel mit Götzenbildern, im Lande wurden Götzenopfer gebracht und Dämonen verehrt – bis 596/597 der römische Mönch und Prior Augustin auf der britischen Insel landete. Zusammen mit vierzig römischen und fränkischen Mönchen hatte er von Papst Gregor I. den Auftrag, die angelsächsischen Gebiete dem christlichen Glauben zurückzugewinnen. Am 1. Juni 597 wurde König Ethelbert getauft, zusammen mit dem Adel seines Landes. Kent war auf diese Weise christlich geworden. Das brachte Augustin, dem ersten Erzbischof von Canterbury, neue Arbeit. Das Volk mußte mit den Fragen des Glaubens besser vertraut gemacht werden, das Land mußte eine feste kirchliche Ordnung bekommen. Augustin blieb zeit seines Lebens in allen Entscheidungen stark von seiner römischen Heimatkirche und Gregor I. abhängig. Die-

ser Papst teilte das Land in zwei Erzbistümer, Canterbury und York, und ordnete ihnen je zwölf Bistümer zu. Diese Einteilung bestimmt noch heute das Gefüge der anglikanischen Kirche.
Ein Brief an den Abt Mellitus verriet etwas von seinen Methoden der Missionierung: »Die Götzentempel brauchen bei diesem Volk keineswegs zerstört, nur die Götzenbilder, die darin sind, sollen zertrümmert werden. Man weihe Wasser, besprenge damit diese Tempel, errichte Altäre, bringe Reliquien hin; denn wenn die Tempel gut gebaut sind, müssen sie der Verehrung der Dämonen entzogen und im Gehorsam gegen Gottes Gebot ihm geweiht werden. Wenn das Volk die Tempel nicht zerstört sieht, entsagt es dem Irrtum von Herzen, und in der Verehrung und Erkenntnis des wahren Gottes kommt es an den gewohnten Orten um so lieber zusammen. Weil sie beim Götzenopfer viele Ochsen zu schlachten pflegen, soll ihnen auch in dieser Beziehung die Feier umgestaltet werden, so daß sie am Tage der Kirchweihe oder an den Geburtstagen der Märtyrer, deren Reliquien dort aufbewahrt werden, unter religiösen Mahlzeiten ein Fest feiern. Denn einem harten Sinn alles zugleich zu entziehen ist zweifellos unmöglich. Wer eine Höhe ersteigen will, muß sich stufen- oder schrittweise, nicht aber sprunghaft erheben.« Wie schrieb Paulus doch? »Wenn nur Christus verkündigt wird auf alle Weise, es geschehe zum Vorwand oder in Wahrheit, so freue ich mich darüber und will mich auch fernerhin freuen« (Phil 1,18).

## Bischöfliche Entbindungsstationen

*Johannes der Barmherzige*

Im 7. Jahrhundert war es in manchen Gegenden der Welt nicht mehr einfach, Bischof zu sein und dabei Christ zu bleiben. Mancher war zu reich dazu. In der Stadt Alexandria, die damals schätzungsweise eine runde Million Einwohner hatte, hieß es ohnehin von den Bewohnern: »Ihr einziger Gott ist das Geld!« Kein Wunder, wenn ein Zeitgenosse schreibt: »Wer einen Bischofsstuhl hat, der braucht für seine Zukunft nicht zu sorgen, den machen die Geschenke reich, der fährt stolz auf köstlichen Wagen einher mit Kleidern, daß es eine Pracht ist, und hält Mahlzeiten so verschwenderisch, daß sie die kaiserlichen übertrumpfen.«

Es gab Ausnahmen – Bischöfe, die »mäßig in Speise und Trank, einfach in der Kleidung, sich als würdige Priester der Gottheit erzeigen«. Damit könnte ein Bischof gemeint sein, von dem wir zwar sehr wenig wissen, aber doch genug, um beurteilen zu können, wie wenig er der oben erwähnten Karikatur eines Bischofs glich. Davon zeugt schon sein Name oder vielmehr sein Beiname »Johannes der Barmherzige«, in anderen Texten »der Almosenpfleger«. Dieser 619 verstorbene Bischof von Alexandria hat sein eigenes Vermögen zusammen mit kirchlichen Geldern eingesetzt, um Kirchen und Krankenhäuser zu bauen. Viel einschneidender jedoch war eine Einrichtung des Bischofs, durch die sein Name von allen jungen Müttern bis heute genannt werden müßte. Johannes hat sieben Wöchnerinnenheime bauen lassen, und zwar für solche Mütter, die weder eine Wohnung hatten, in der sie gebären konnten, noch sonst irgendeine Hilfe für die Zeit des Wochenbettes. Vermutlich besaßen viele der schwangeren Frauen auch keine Freunde und Verwandten, die den Obdachlosen Quartier einräumen konnten. Johannes sorgte nicht nur für Heime und Betten, Decken und Nahrungsmittel, sondern auch für die Helfer, die ersten kirchlich angestellten Hebammen der Welt.

Mehr wissen wir von diesem Bischof nicht. Seine Biographie ist außerordentlich spärlich. Und doch könnte sie kaum reicher sein!

## Reform statt Mission
*Bonifatius*

Jeder, der sich mit der Geschichte der christlichen Kirche befaßt hat, kennt den Namen Bonifatius. Er wird mit diesem Namen zwei Geschichten verbinden, die beide von Bonifatius als einem Missionar erzählen.

»Bonifatius, der Missionar der Friesen«, sagen viele, obwohl die erste der beiden Geschichten sich im Land Hessen abgespielt hat. Nahe bei dem Ort Geismar hat Bonifatius eine gewaltige Eiche gefällt, ein Heiligtum Donars. Es muß ein Augenblick ungeheurer Spannung gewesen sein, als Bonifatius Hand an den Baum legte. Das Ergebnis: Angesichts der Machtlosigkeit ihres Gottes Donar und der Kraft des Gottes, in dessen Dienst ein Mensch »Götter« als Götzen bloßstellte, wurden die Heiden zu Christen. Aus dem Holz der Eiche soll als sichtbares, bleibendes Zeichen für den Sieg Jesu Christi eine Kapelle gebaut worden sein. An dieser Geschichte wird deutlich, daß Bonifatius in der Tat der geborene Missionar war. Persönlicher Mut, überzeugendes Auftreten, die Phantasie und das Geschick, das Evangelium in eine Sprache und Form zu übersetzen, die verständlich waren, zeichneten ihn aus.

Die zweite Geschichte handelt vom Tode des Bonifatius in Westfriesland in der Nähe der Zuidersee. Er hatte einen besonderen Gottesdienst angesetzt, um Friesen zu taufen und zu konfirmieren, solche, die Neulinge waren, und solche, die schon eine christliche Unterweisung erfahren hatten. Am Morgen aber kamen die, die ihm nach dem Leben trachteten. Und als seine Begleiter nach Waffen suchten, trat er im vollen Ornat aus dem Zelt, die Reliquien in der Hand, und rief: »Laßt ab, Männer, vom Kampf. Tut Krieg und Schlacht ab, denn das wahre Zeugnis der Heiligen Schrift lehrt uns, nicht Böses mit Bösem, sondern sogar Böses mit Gutem zu vergelten. Auch ist schon der langerwünschte Tag da, und unserer Auflösung herrliche Zeit steht bevor. Darum seid stark in dem Herrn, und ertragt dankbar, was er uns gnädig schickt. Hofft auf ihn, denn er wird eure Seele erlösen.« Wie Jesus wollte er sein Leben nicht mit Waffengewalt verteidigen lassen. Er wurde getötet. Es ist wenig bekannt, daß Bonifatius diesen letzten Missionszug sozusagen schon »im Ruhestand« unternommen hat; als er im Jahre 754 starb, war er mindestens 79 Jahre alt. Er hatte seine Heimat England und damit eine glänzende Karriere als Abt und künftiger Bischof verlassen, um nach Friesland zu gehen. Diesen seinen Auftrag ließ er 719 in Rom von Papst Gregor II. ausdrücklich bestätigen, und derselbe Gregor salbte ihn 722 zum Missionsbischof. Gregor III., dessen Nachfolger, weihte ihn 732 zum Missionserzbischof.

Den größten Teil seines Lebens hat Bonifatius damit verbracht, zu reformieren und verworrene kirchliche Verhältnisse zu ordnen. Es entsprach seiner Überzeugung, seine Aufträge vom Papst entgegenzunehmen, da dieser seiner Meinung nach den Willen Gottes kundtat. Diese Haltung verbesserte das Verhältnis der fränkischen Kirche zu Rom erheblich. So konnten im Laufe der Jahre die Klöster Amönsburg, Fritzlar und Ohrdruf gegründet werden. Bonifatius war auch beteiligt an der Gründung des berühmten Klosters Fulda, in dem er später beerdigt wurde. Er gründete die Frauenklöster Kitzingen, Ochsenfurth, Tauberbischofsheim. Auf seine Veranlassung wurden die Bistümer Freising, Passau, Regensburg, Salzburg, Würzburg, Bünsburg und Erfurt gebildet. Er verhandelte aber nicht nur mit den Päpsten, sondern auch mit dem Herrscher der Franken, Karl Martell, der ihn mit Geleitbriefen ausstattete, und später mit dessen Nachfolgern Karlmann und Pippin. Schließlich übernahm er selbst als Erzbischof das Bistum Mainz. Bonifatius setzte 752 Lullus als Bischof ein, um sich im hohen Alter nochmals der Verkündigungsarbeit unter den Friesen zu widmen.

Der Kirchengeschichtler Albert Hauck meinte dazu: »Wahrscheinlich war die Reform der bestehenden Kirche wichtiger, die von Aberglauben und heidnischen Brauchtümern heimgesucht war, deren Priesterstand zum Teil verwildert war und deren Verhältnis zu Rom undurchsichtig und ungeklärt blieb. Solche Kirchen waren nicht in sich missionarisch, nicht anziehend. In ihr hätten Heiden schwerlich eine Heimat finden können, die ihnen besser gefiel als ihre eigene. Deswegen mußten die Sachsen und Friesen auf das Evangelium warten, bis es ihnen von einer Gemeinde gebracht wurde, in der zu leben sich lohnte.«
Und diese Gemeinde hatte man Bonifatius zu verdanken.

## Vom Zirkus zur Kirche

Wenn plötzlich in der Kirche ungewohnte Instrumente auftauchen wie die Gitarre, das Schlagzeug, das elektronische Klavier, das Saxophon, horchen viele auf, und manche sind damit nicht einverstanden. Das Instrument der Kirche, meinen sie, sei die Orgel. Sobald Orgelmusik ertönt, im Konzertsaal, im Rundfunk, im Fernsehen, denken viele unwillkürlich an die Kirche.
Das war nicht immer so. Im römischen Kulturbereich kannte man die Wasserorgel, die zur Zeit Christi schon ungefähr zweihundert Jahre im Gebrauch war. Der notwendige Druck wurde nicht durch Luft, sondern durch Wasser erzeugt. Sie soll an die drei Meter hoch und anderthalb Meter breit gewesen sein und bis zu neunzehn Tasten gehabt haben, die breiter waren als unsere Tasten heute und nicht mit dem Finger, sondern mit der ganzen Hand gespielt wurden. Es ist leicht zu erraten, daß solch ein Instrument teuer war und nur wohlhabende Leute es sich leisten konnten.
So wurde die Orgel, auch als sie vom vierten Jahrhundert

an mit Luft betrieben wurde, das bevorzugte Instrument des reichsten Mannes im römischen Weltreich, des Kaisers. Wo der Kaiser erschien, ertönte die Orgel. Sie war sein Salut, sein mitgeschleppter Applaus, sein Pausenzeichen. Sogar ins Feld mußte der kaiserliche Troß die Orgel mitführen. Im Zirkus ertönte sie, wenn sich die Gladiatoren gegenseitig abschlachteten (noch heute werden ja im Film Kämpfe und Morde gern mit Musik untermalt, sie wirken dann aufregender und aufreizender als ohnehin schon), bei Gastmählern war sie zu hören, wenn die Vornehmen des Landes zu Tische lagen, und schließlich ließ man sie spielen bei Prozessionen des Kaisers, bei seiner Ankunft nach siegreich beendeten Feldzügen, bei seinem Einzug in große Städte, bei seinen Audienzen für das Volk. Als die Kaiser Christen geworden waren, zog die Orgel auch in die Kirche ein. Die Staatskirche schuldete dem Kaiser bei seiner Ankunft im Gotteshaus den gleichen Empfang wie alle Welt. Und es sieht nicht so aus, als sei ihr das sehr schwergefallen, denn sie hat auch anderes vom Hofzeremoniell übernommen, um ihre Gottesdienste zu schmücken: die farbigen Gewänder, den Weihrauch, der ursprünglich dem Kaiseropfer vorbehalten war – für die Verweigerung dieses Opfers hatte mancher Christ sterben müssen –, die Kerzen, die im urchristlichen Gottesdienst bei Nacht nicht mehr waren als Beleuchtungskörper, die aber an den Altären des Kaisers auch bei Tage brannten, die Apsis mit Thron und Orgel – denn damals stand die Orgel vorn, nicht hinten, sie war das Instrument des Kaisers und mußte in seiner Nähe sein.

Als im achten Jahrhundert die Orgel als ein Geschenk des oströmischen Kaisers Konstantin Kopronymos an den fränkischen König Pippin den Kleinen in die germanische Kirche gelangte, war sie vermutlich schon fester Bestandteil christlicher Gottesdienste. Die Orgel blieb nun in der Kirche. Und im Mittelalter, technisch vollkommener und zu monumentaler Größe gewachsen, erfreut sie sich solcher Wertschätzung, daß auch die größten italienischen Vokalkomponisten Orlando di Lasso (1532–1594) und Palestrina (1525–1594) auf ihren Gebrauch nicht verzichten wollen. Trotzdem schadet es nichts, wenn man sich daran erinnert, daß die Königin der Instrumente eine recht weltliche Herkunft gehabt hat.

## Christen lernen denken

*Karl der Große*

»Es sind Uns in den letzten Jahren aus mehreren Klöstern öfters Schreiben zugegangen, worin Uns berichtet wird, daß die dort weilenden Brüder in frommen und heiligen Gebeten für Uns wetteiferten. In der Mehrzahl dieser Zuschriften fanden Wir zwar einen echten, tüchtigen Sinn, aber auch eine ungebildete Sprechweise, weil infolge der Nachlässigkeit im Lernen die ungebildete Zunge nicht das fehlerfrei auszudrücken vermochte, was im Herzensinneren fromme Ergebenheit getreuen Sinnes diktierte. Deshalb wurde in Uns die Besorgnis rege, es möchte bei dem Mangel an schriftstellerischem Können auch an der Einsicht und Erkenntnis der heiligen Schriften viel weiter, als es nur irgendwie sein dürfte, fehlen.« Das schrieb Karl der Große an einen seiner Äbte. Er tadelte nicht nur den Mangel an Bildung bei den Mönchen, sondern auch bei den Priestern, die wegen ihrer Unwissenheit sogar zwangsbeurlaubt werden konnten. Auch das Volk kam ihm sehr unwissend vor. Wer die Bibel hört und liest, muß wissen, was er hört und liest, meinte der Kaiser. Dazu gehöre, daß er nicht nur Bibel und Glaubensbekenntnis im Kopf habe, sondern auch die deutsche Sprache und Grammatik. Ihm schwebte so etwas wie eine allgemeine Schulpflicht vor. Einer seiner Bischöfe, Theodulf von Orléans, verpflichtete in einem Rundschreiben alle seine Priester, die Kinder jedes Gläubigen zu unterrichten, der es nur wünsche! In einem Edikt von 794 auf der Synode zu Aachen und in einer Kapitularie (so nannte man die königlichen Rundschreiben) von 804 wurde jeder Untertan verpflichtet, ein Mindestmaß an religiöser Bildung zu erwerben. Ein umfangreiches System von Schulen förderte die Bildungsmöglichkeiten. Da war Karls eigene Palastschule, vor allem geprägt durch den bedeutenden angelsächsischen Gelehrten Alkuin! Da gab es an den großen Kathedralen Dom- und an den Klöstern Klosterschulen, in denen Lesen, Schreiben, die lateinischen Gesänge, die kalendermäßige Berechnung der Kirchenfeste und Grammatik gelehrt wurden! Außerdem hatte jede Schule eine Bibliothek einzurichten, wozu eine Unzahl von gebildeten Abschreibern nötig war. Zu seiner Zeit wurde eine so große Anzahl von Werken der klassischen Antike, aber auch der germanischen Volks- und Sagenwelt erforscht und abgeschrieben, daß er 789 in einer Kapitularie den Nonnen verbieten mußte, weiterhin Wein- und Liebeslieder abzuschreiben und einander mitzuteilen. Die Dom- und Klosterschulen waren in einen inneren und einen äußeren Zweig gegliedert, für Kleriker und für Laien. 809 ordnete Karl zusätzlich die Gründung von Pfarrschulen in jeder Pfarrei an, auf die sich das Rundschreiben Theodulfs von Orléans bezog. Die Pfarreien sind als eine Frucht der kirchlichen Verwaltungsreform Karls anzusehen. Bis dahin waren alle Dörfer auch kirchlich auf die Städte hin orientiert. Auf Karls Initiative geht die Gründung von »Parochien« zurück, die Einteilung der Dörfer in kirchliche Bezirke mit einem Pfarrer an der Spitze. So sollte die Bildung und Ausbildung des gesamten Volkes in den Bereich des Möglichen rücken.

Die Zeit war für ein so umfangreiches Vorhaben noch nicht gekommen. Zu viel hätte geändert werden müssen. Das durchschnittliche Bildungsniveau eines Pfarrers lag in der Regel weit unter dem, was für ein allgemeines Schulwesen nötig gewesen wäre. Erst die Erfindung der Drukkerkunst gab jedem Menschen ein Buch in die Hand, der es brauchte. Es bleibt aber das Verdienst Karls des Großen, die Volksbildung gefördert zu haben. Jeder Mensch, meinte der Kaiser, habe nicht nur das Recht, sondern die Pflicht zu lernen.

## Christus der Sklave

Die Lebendigkeit einer Kirche drückt sich nicht nur dadurch aus, daß Heiden zu Christen werden. Sie zeigt sich auch darin, wie sie neugewonnene Christen in der Gemeinde verankert, in welcher Weise sie dem neugeweckten Christenleben Gestalt gibt. Als unter den schwedischen Königen Olaf Schloßkönig und Ingo dem Älteren der christliche Glaube endgültig in Schweden Einzug hielt, war das Leben dieses Volkes noch vom Reichsheiligtum in Uppsala bestimmt. Obwohl 1014 die erste organisierte Diözese in Skara gegründet worden war, dauerte es bis 1164, ehe Uppsala zur Residenz der Bischöfe werden konnte (die es heute noch ist). Erst mußte der Tempel geschleift werden, ehe der Svearkönig, zugleich oberster Priester, durch den christlichen Erzbischof abgelöst werden konnte. Und doch wurde hier nicht einfach alles Alte zerstört, sondern Neues schlüpfte in alte Gewänder, neuer Inhalt in vorhandene, verständliche Formen, die, gerade weil sie den Menschen vertraut waren, den neuen Inhalt besonders gut zur Geltung bringen konnten.
In den wesentlichsten Landgesetzen etwa aus dem Jahre 1200 heißt es:
»Christus ist der Erste in unserem Gesetz. Danach kommt unsere christliche Lehre und alle Christen: König, Bauern, alle wehrhaften Männer, Bischof und alle hochgelehrten Männer.«

»An Christus sollen alle Christen glauben, daß er Gott ist und es nicht mehr Götter als ihn allein gibt. Keiner soll den Götzen opfern, und keiner soll an Haine und Steine glauben.«

Wo der Inhalt von der Form nicht zu trennen war, bei den Opfern, bei den »Hainen und Steinen«, waren die alten Formen nichts mehr nütze. Die neuen gottesdienstlichen Stätten ersetzten die alten Thing- und Opferstätten in Skara, Linköping, Strängnäs, Västeras und Alt-Uppsala. Die Thingversammlung, in der die Gesetze verordnet und verhandelt wurden, blieb erhalten, sie berief die Bischöfe. Da die heidnischen Priester in Ehen leben durften, heirateten die christlichen Pfarrer und Bischöfe. Es hat einige Jahrzehnte gedauert, bis der Zölibat durchgesetzt werden konnte. In Fällen, wo bisher Blutrache die Familien zerfleischte, wurde nun das Thing angerufen, das einen Vergleich vorschlug oder auch Strafen verhängte. Es gab Friedensgesetze, die absolute Geltung hatten und durch keinen noch so gerechten und berechtigten Streit gebrochen werden durften. Es gab den sogenannten »Kinderfrieden« – Kinder durften überhaupt nicht in Streit oder Krieg einbezogen werden –, es gab den »Thingfrieden«, der die Thingversammlungen schützte, es gab den »Frauenfrieden«, der verhinderte, daß der Streit der Männer auf die Frauen ausgedehnt wurde – wie das bei der Blutrache üblich war –, und es gab den »Heimfrieden«, der das Heim schützte und unangreifbar machte. Zweikämpfe, die manchen Rechtsstreit durch das Recht des Stärkeren und den Tod des Schwächeren entschieden hatten, wurden durch eine Thingverhandlung und das Sühnegeld abgelöst. Und schließlich gab es keine Sklaven mehr, weil »Christus verkauft wurde und damit alle Sklaven eingelöst hat«.

Gewohnheit, Tradition, Trägheit haben im Laufe der Zeit manches aus diesen Gesetzen herausgebrochen – oder sie wurden dadurch unwirksam, daß man sie auch dann noch beibehielt, als sie nicht mehr zeitgemäß waren. Aber zu ihrer Zeit gaben sie ein Beispiel, wie der christliche Glaube Vorhandenes in Dienst nimmt und sich selbst durch die auch in seinen Ordnungen sichtbare Auseinandersetzung mit der Vergangenheit begreifbar und glaubwürdig macht.

## Narren um Christi willen

Im allgemeinen hält man das Mittelalter für eine unfreundliche Zeit. Das mag stimmen im Blick auf Dinge, die uns das Leben angenehm machen und von denen damals niemand eine Vorstellung hatte, wie elektrisches Licht, durchsichtige Fensterscheiben, Kanalisation, Gasherd, ganz zu schweigen vom Fernsehen, vom Auto und vom Plattenspieler. Aber die Menschen hatten auch damals Anlässe genug, fröhlich und ausgelassen zu sein.

Der merkwürdigste und übrigens sehr wenig erforschte Brauch ist eine Reihe von sogenannten »Narrenfesten«. Von diesen Narrenfesten wird aus der Zeit zwischen dem zwölften und dreizehnten Jahrhundert berichtet. Sie fanden in der Zeit um das Weihnachtsfest statt. Schon die Römer feierten in diesen Tagen die »Saturnalien« zu Ehren des Gottes Saturn mit Spielen und Verkleidungen. Die Kirche scheint dieses Fest verchristlicht zu haben. Jedenfalls wurde es üblich, zum Narrenfest einen »Narrenbischof«, sogar einen »Narrenpapst« zu wählen, der sich ein Domkapitel oder ein Kardinalskollegium aus seinen Freunden zusammenstellte. Sie nahmen mit ihm zusammen in der Kirche die ersten Plätze ein und trugen echte Gewänder, sie feierten sogar eine »Narrenmesse«, einen echten Gottesdienst. Alle Rangordnungen dieser Welt und dieser Kirche waren außer Kraft gesetzt für einen Tag. Man tanzte, sang und würfelte in der Kirche.

Die verschiedenen Stände hatten ihre eigenen Narrenfeste. Die Subdiakone (der Subdiakon ist einer der sieben

Weihegrade eines katholischen Priesters) feierten zum Beispiel im zwölften Jahrhundert am Neujahrstag, die Diakone (ebenfalls ein katholischer Weihegrad) am 26. Dezember, dem Stephanustag, die Chorschüler aus den Stiften und Klöstern am Tage der »Unschuldigen Kindlein«, am 28. Dezember. Die Ausgelassenheit nahm allerdings im Laufe der Jahrhunderte Formen an, die öffentliches Ärgernis erregten. So kam es zu Verboten durch das Konzil zu Basel 1435 und durch den französischen König 1444 (er hatte dafür eigens ein Gutachten der Pariser Fakultät einholen lassen). Im sechzehnten Jahrhundert wurden die Narrenfeste auch in England und Deutschland verboten. Immerhin blieben Kinderfeste, bei denen ein »Kinderbischof« oder ein »Schulbischof« gewählt wurden, länger erhalten. Sie wurden am Nikolaustag, dem 6. Dezember, gefeiert und hielten sich in Köln, Reims und Mainz bis in das achtzehnte Jahrhundert hinein. Eine Legende berichtet sogar, daß die Domherren in der französischen Stadt Auxerre nach der Vesper am Ostersonntag im Chorraum der Kathedrale ein liturgisches und zeremonielles »Fußballspiel« veranstaltet hätten.
Die Deutung dieser Bräuche ist schwierig. Man möchte sie zunächst einfach als Ausschweifungen und Entstellungen abtun. Immerhin sind aber die Christen zweimal von Paulus sehr deutlich als »Narren« bezeichnet worden, in 1Kor 3,18 und 4,10. Es könnte sein, daß einmal im Jahr die »Narrheit« der Christen deutlich gemacht werden sollte. Es verwundert nicht, daß mancher dabei über die Stränge schlug. Innerhalb dieses Narrenfestes wird jedenfalls eine große Unbefangenheit sichtbar gegenüber den Ordnungen dieser Welt. Die Christenheit wußte, daß auch ein Bischof, ein Kardinal, ein Papst ein Stück Ordnung der Welt darstellten und daß die endgültige göttliche Ordnung ganz anders aussehen konnte! Sie wußte offenbar auch, daß der Gottesdienst nicht nur eine fröhliche Angelegenheit war, sondern auch eine vorläufige, die eines Tages ab-

gelöst werden würde durch Gottes eigenen endgültigen Entwurf. Einmal im Jahr machte die Gemeinde dem Bischof – mit dessen Billigung – deutlich, daß seine Herrschaft Grenzen hatte und nicht zu verwechseln war mit Gottes eigener Herrschaft. Dieser Zusammenhang wird unterstrichen durch die Überlieferung eines »Eselsfestes«, bei dem man einem Esel geistliche Gewänder anzog. Ein Esel war aber in der verfolgten alten Kirche Symbol für Christus selbst (wir kennen aus den Katakomben Darstellungen gekreuzigter Esel). Wer von der Welt für einen Narren gehalten wird, ist Gottes eigener Sohn – Paulus fügt hinzu: und wer sich in der Welt für weise hält, ist ein Tor bei Gott (1Kor 3,19).

## So nicht, Herr Bischof!

*Otto von Bamberg*

Läßt sich heute sagen, wie man vor achthundert Jahren hätte Mission treiben müssen? Lebten wir achthundert Jahre früher, hätten wir vermutlich dieselben Fehler gemacht, die wir heute kritisieren. Trotzdem kann es nicht schaden, beim Namen zu nennen, was nach unserer Ansicht damals Fehler gewesen sind. Achthundert Jahre Geschichte sind ein Kapital, mit dem die Zukunft bezahlt werden kann. Erfahrungen sind Lernstoffe, deshalb darf man sie nicht verschweigen, auch wenn sie negativ sind.
Der Mann, dem unsere Erinnerung gilt, Bischof Otto von Bamberg (gestorben 1139), gilt als der Missionar der Pommern. Die Missionsgeschichte in diesem Gebiet umfaßte schon einige unrühmliche Kapitel, als sich Otto auf Bitten des polnischen Herzogs Boleslaw Chrobry 1124 auf den Weg nach Pommern machte: Ein gewisser Mönch Reinbern hatte mit Gewalt versucht, die Pommern zu Christen zu machen. Ein Zeitgenosse schreibt darüber:

»Wer die Fastenzeit nicht einhält, dem läßt er die Zähne einschlagen.«

Herzog Boleslaw III. Krzywonsti von Polen eroberte 1120/1121 Stettin und zwang den Pommern einen Friedensvertrag auf, in dem sie sich verpflichteten, den christlichen Glauben anzunehmen. Dabei sollte ihnen ein ehemaliger italienischer Bischof spanischer Herkunft mit Namen Bernhard helfen. Er zog barfuß und ärmlich gekleidet nach Pommern und wurde mit Gewalt vertrieben, als er mit einer Axt eine heilige Säule des Sonnengottes Perun zu fällen versuchte, der in Pommern verehrt wurde.

Otto aber war Diplomat. Da er die pommersche Sprache nicht verstand und die Missionsaufgabe als eine Nebensache betrachtete, für die sich besondere Sprachstudien nicht lohnten, nahm er polnische Dolmetscher mit, dazu neunzehn Mann aus dem eigenen Hofstaat, eine Anzahl polnischer Kapläne, die er jeweils als neue Ortspfarrer zurückließ, und zur Vorsicht sechzig polnische Soldaten. Sie sollten an den Friedensvertrag erinnern und das Versprechen der Pommern, Christen zu werden. Auf seiner zweiten Missionsreise 1128 ließ der Bischof die Soldaten zu Hause, was ihn nicht daran hinderte, den abgefallenen Stettinern mit einer Botschaft an den Herzog zu drohen. Die Stettiner ließen es aber nicht darauf ankommen und ließen sich »freiwillig« taufen.

Otto trat mit großem Prunk auf. Die Pommern sollten, anders als bei seinem Vorgänger Bernhard, nicht den Eindruck haben, Otto befinde sich in einer Notlage und sei auf ihre Hilfe angewiesen. Großen Eindruck machte es den Einwohnern von Gützkow, als sie das Eintreffen einer Bambergischen Karawane miterlebten, die Nachschub für die Missionsmannschaft brachte. Otto hatte sich auf Selbstversorgung eingestellt, und was er im Lande brauchte, wurde gekauft und getauscht (z. B. Salz gegen einheimischen Fisch). Auf seinen Wagen befanden sich Meßgewänder, biblische Handschriften und sakrale Geräte; die Legende spricht sogar von Glocken für die neu zu bauenden Kirchen. Bargeld und Geschenke waren der Lohn für die ersten getauften Christen am Ort und Willkommensgruß für die Edlen des Landes, von denen mancher in Deutschland schon heimlich getauft worden war und jetzt aus seiner Verborgenheit trat. Ungetaufte Ritter durften nämlich an den deutschen Höfen an keinem Turnier teilnehmen. Otto löste darüber hinaus schwierige politische Fragen. Er vermittelte zwischen dem pommerschen Landtag und Herzog Boleslaw, ebenso zwischen der Stadt Stettin und dem Herzog Wartislaw, schaffte für Stettin günstige Handelsbedingungen und kaufte, zum Teil von seinem eigenen Geld, Kriegsgefangene und Sklaven frei.

Seine Missionsmethode war höchst einfach: Einer kurzen Ansprache auf dem Markt, möglichst an Markttagen, die viele Menschen versammelten, folgte die Bekehrung, die Taufe und schließlich die Zerstörung aller heidnischen Einrichtungen mit der anschließenden Gründung einer neuen Gemeinde und dem Bau einer Kirche. Dieser Gemeinde mit ihrem Pfarrer war es vorbehalten, den Glauben zu vertiefen oder überhaupt erst zu wecken. Politischer Druck, prunkvolles Äußere und Geschenke schienen Otto erlaubte Mittel, um Menschen »selig« zu machen. Es hat lange gedauert, ehe der wirkliche Glaube gegenüber dem Opportunismus der Pommern eine echte Chance hatte. Dies muß die Verdienste Ottos nicht schmälern, und seine persönliche Lauterkeit und Ehrlichkeit sollen nicht in Zweifel gezogen werden. Er hat auch einiges getan, um die Vielweiberei abzuschaffen (Herzog Wartislaw hatte auch als heimlich getaufter Christ immer noch vierundzwanzig Nebenfrauen), die Verwandtenehe, die Tötung Neugeborener, den Meineid, den Ehebruch und den Mord.

## Brücken für das Evangelium

*Benedikt von der Brücke*

Daß man mit dem Wort Gottes Brücken bauen kann, weiß jeder, der sich dieses Wort zu eigen gemacht hat. Daß man auch für das Evangelium Brücken bauen kann, ist der Gedanke eines savoyischen Schäfers mit Namen Bénézet gewesen. Die katholische Kirche hat ihn heilig gesprochen. Er trägt den Namen Benedictus de ponte, Benedikt von der Brücke. Von ihm, dem im Jahre 1165 in Hermillon bei St-Jean-de-Marienne geborenen Hirten, wissen wir wenig. Er sollte in einem viel tieferen Sinn zu einem wahren Hirten seiner Gemeinde werden, als er es hätte sein können, wenn er sich das Amt eines Hirten zu eigen gemacht hätte in dem Sinne, wie es die Kirche damals verstand und heute noch versteht. Wir kennen nur jene Vision, die er um das Jahr 1180 erlebt haben will. Wir können uns eine Vorgeschichte denken, die geprägt war von der Unsicherheit der Straßen damals, von den Überfällen, Kriegen und Plänkeleien, die zu dieser Zeit das Leben jedes Menschen bedrohten, nicht nur in Savoyen, sondern auch in der Gegend von Avignon, die zur späteren Heimat Benedikts wurde.

Wenn aber in einer friedlosen Zeit das Evangelium als eine Macht erkannt wird, die versöhnen kann, dann muß sich eigentlich jeder Christ Gedanken machen, auf welche Weise er diesem Evangelium die Bahn ebnen kann, was er dazu beizutragen vermag, daß diese Friedensnachricht die Menschen erreicht, die in Unfrieden leben. Benedikt bekam in seiner Vision einen klar umrissenen Auftrag, der 1181 zur Gründung des Ordens der »Fratres pontis Avenienensis«, der »Brückenbrüder von Avignon« führte. Der Orden begann, Brücken, Straßen und Herbergen zu bauen und bei diesen Brücken und in der Nähe der Herbergen Kapellen zu errichten, in denen um Schutz dieser Bauten gebetet und für ihren Segen gedankt wurde. Dahinter

stand der Gedanke, daß man Wege braucht, auf denen Menschen zueinander kommen können – friedlich und ohne Schwierigkeiten. Die Rhône war ein großes natürliches Hindernis auf dem Wege zueinander. Nur Kriegszeiten machten die Mühe lohnenswert, diesen breiten Fluß mit Booten zu überwinden. Benedikt schuf Verkehrswege zur Versöhnung miteinander.
Der Orden war eine Laienbruderschaft. Es wurden nur Techniker als Brüder aufgenommen, oder die aufgenommenen Brüder wurden zu Technikern ausgebildet.
Benedikt erlebte nicht mehr die Vollendung seines ersten großen Werkes. Er starb 1184, noch ehe die große Rhônebrücke in Avignon eingeweiht werden konnte. Aber seine Idee fand Verbreitung in ganz Südfrankreich und in Italien. Es entstanden mehrere »Technikerorden« mit ähnlichen Aufgabenstellungen, nicht immer mit der vollen Zustimmung des Papstes. Benedikt wurde zwar schon 1233 heiliggesprochen, aber sein Orden bestand nur bis 1410. Ob er an Mangel an Nachwuchs aufgehoben wurde oder weil er in Konflikte mit der Kirche geriet, ist nicht sicher zu sagen. Es dürfte aber bis in die Gegenwart hinein wenige Beispiele dafür geben, daß eine Gemeinde den Brückenbau für das Evangelium in dieser massiven Weise verstanden und verwirklicht hat.

## Den Gefangenen die Freiheit

*Johannes de Matha*

Ein rotes Kreuz auf weißem Feld ist heute das Zeichen der Hoffnung für viele, die in Not geraten sind. Ein Kreuz, das aus einem roten und einem blauen Balken bestand, war schon vor achthundert Jahren für Kriegsgefangene Zeichen der Hoffnung, der einzigen in einer Welt, in der es noch keinerlei internationale Abmachungen über

Rechte und Behandlung von Gefangenen gab, in der diese unglücklichen Menschen entweder mit ihrem sicheren Tod oder, was wahrscheinlich schlimmer war, mit ihrem Verkauf in die Sklaverei rechnen mußten. Da waren die Männer mit dem rot-blauen Kreuz auf dem Gewand die einzigen Retter. Sie gehörten zum Orden der Trinitarier, der den Glauben an die Trinität, die Dreieinigkeit, besonders pflegte. Dieser Glaube nötigte sie zu einer bitter notwendigen Form der Nächstenliebe, zur Befreiung gefangener Christen aus den Händen der Mohammedaner.

Dieser Gedanke ging auf die Vision eines französischen Priesters zurück, der gerade in Paris seinen Doktor gemacht hatte: Johannes de Matha. In der ersten Messe, die er las, soll er einen Wink Gottes zu diesem Werk bekommen haben. Der legendarisch ausgeschmückte Bericht erzählt, daß ein Engel, der auf dem weißen Gewand ein blaurotes Kreuz getragen habe, mit seinen beiden Händen kreuzweise einen gefangenen Christen und einen gefangenen Mauren segnete. Johannes zog sich in die Einsamkeit zurück und lernte Felix von Valois kennen. Mit ihm zog er nach einigen Jahren geistlicher Meditation 1198 nach Rom und erhielt vom Papst Innozenz III. die Bestätigung für den Orden der »Trinitarier«, der zu dieser Zeit schon ein eigenes Haus in Frankreich besaß. Es war ihm von einem aus der Gefangenschaft befreiten Ritter vermacht worden.

Die Trinitarier gaben ein Drittel ihres gesamten Einkommens für die Gefangenenbefreiung aus; dabei lebten sie selbst sehr bescheiden, ritten auf Eseln (der Volksmund nannte sie die »Eselsbrüder«), auf geschenkten oder geliehenen, und aßen nur an wenigen Tagen Fleisch. Die Regeln wurden später gemildert. Insgesamt soll der Orden im Laufe seiner Geschichte 900 000 Gefangene losgekauft haben. Seine größte Wirksamkeit entfaltete er während der Kreuzzüge. Johannes selbst ging als erster 1199 nach Nordafrika und erreichte die Freilassung von 186 Christen.

Nicht immer wurden die Gefangenen direkt gekauft. Der Orden versuchte auch, gefangene Mohammedaner für Geld »einzukaufen« und tauschte sie dann gegen Christen aus. Er verhandelte selbst mit mohammedanischen Anführern, und seine Mitglieder setzten sich unerschrocken schweren Gefahren aus. Einmal gelang es zwei Brüdern, in Tunis 260 Gefangene loszukaufen. Als sie schon dabei waren, abzureisen, tauchte das Gerücht auf, die beiden seien in Wahrheit Spione. Sie wurden von der erregten Masse ergriffen und lebendig verbrannt. Johannes selbst wurde auf einer seiner Reisen schwer mißhandelt, als sein Geld nicht für alle Gefangenen ausreichte. Er bot sich schließlich selbst als Sklave im Tausch an. Nicht wenige Brüder sind in die Sklaverei gegangen, um anderen zur Freiheit zu verhelfen. Die Gefangenen wurden nach ihrer Befreiung in Krankenhäuser gebracht und gepflegt, bis sie in der Lage waren, die Heimreise anzutreten. So schuf ein einziger gläubiger Mann eine Art internationales rotes oder vielmehr blaurotes Kreuz – unter wesentlich schwierigeren äußeren Umständen, als sie das Internationale Rote Kreuz in der Gegenwart vorfindet – und rettete fast eine Million Menschen.

## Solidarität mit der Armut

*Franziskus von Assisi*

War Christus arm oder reich? Hat er irgendwelchen Besitz gehabt?

Angesichts einer reich gewordenen Kirche, die auf die verschiedenste Weise von den Gläubigen der Welt Geld kassierte, beantwortete ein reicher junger Mann, Sohn eines Tuchhändlers namens Giovanni Francesco Bernardone, diese Frage mit einem klaren »Nein«. Voraus gingen Auseinandersetzungen im Elternhaus, einige Kriegszüge,

Streben nach dem Ritterideal der Zeit und Krankheit. Am Ende stand der Entschluß, auf allen Besitz zu verzichten. Der durch die großzügigen Geschenke des Sohnes an Arme und Kranke erzürnte Vater versuchte mit Hilfe des Bischofs seiner Heimatstadt Assisi, den aufsässigen Sohn zum Gehorsam und zur Beachtung des vierten Gebotes zu rufen. Franziskus legte ihm alle seine Kleider vor die Füße zum Zeichen, daß er nichts, aber auch gar nichts aus des Vaters Hause mitnehmen, sondern nackt gehen wollte, wie er auf die Welt gekommen sei. Der Bischof hüllte ihn in seinen Mantel und nahm ihn unter seinen Schutz.

Unter dem Eindruck der Aussendungsrede Jesu an seine Jünger (Mt 10,5ff.) zog sich Franziskus eine Kutte und eine geflickte Hose über, band sich einen Gürtel um und zog barfuß, predigend, arbeitend, helfend und heilend umher. Mit elf Brüdern, unter ihnen ein reicher Adliger und ein Chorherr, wanderte er 1210 nach Rom zu Papst Innozenz III. und bat um Anerkennung des Ordens. Innozenz erlaubte den »Minderbrüdern« (lateinisch »fratres minores«), wie sie sich von da an nannten, ein Leben »nach den Formen des Evangeliums«. Obwohl das Vierte Laterankonzil 1215 alle neuen Ordensgründungen untersagt hatte, wuchs der Orden der Minderbrüder schon 1217 über die Grenzen von Italien hinaus. Franziskus hatte eine Regel verfaßt, die leider nicht erhalten ist. Wir können sie nur aus späteren Regeln des Ordens und aus dem Testament des Franziskus erschließen.

Kaum vorstellbar ist die Wirkung, die dieser Orden ausübte. Die Brüder hatten zuerst kein festes Haus, sondern waren ständig unterwegs. Nicht von der Welt abgesondert, in der Einsamkeit, nicht hinter dicken Klostermauern verborgen lebten sie, sondern mitten in der Welt. Nicht der persönlichen Frömmigkeit galt ihr Leben, sondern den Armen, Kranken und Hilfsbedürftigen. Nicht besonders fromm wollten sie erscheinen, sondern im Gegenteil zeigen, daß sie weder vor der Welt noch vor Gott irgendwelche Ansprüche hatten. Eine Legende erzählt, daß es Franziskus als die höchste Freude gepriesen habe, vor einem Kloster, in dem man um Übernachtung bat, abgewiesen, beschimpft, geschlagen und in den eiskalten Schnee geworfen worden zu sein. »Des Kreuzes der Bedrängnis und des Leides dürfen wir uns rühmen, denn das ist unser. Daher sagt der Apostel: Ich will mich nicht rühmen, es sei denn des Kreuzes unseres Herrn Jesu Christi.«

In seinem Testament schrieb Franziskus: »Ich arbeitete mit meinen Händen und will darin fortfahren und will auch, daß alle anderen Brüder ein ehrsames Handwerk treiben sollen. Und die, welche noch keines können, sollen ein solches erlernen, nicht in der Absicht, Lohn für die Arbeit zu empfangen, sondern um des guten Vorbildes willen und um den Müßiggang zu fliehen. Und wenn man uns keinen Lohn für unsere Arbeit gibt, so laßt uns unsere Zuflucht nehmen zum Tisch des Herrn und Almosen heischen von Tür zu Tür.« Nicht um vor Gott Verdienste zu erwerben wie so mancher Bettelmönch dieser Zeit, sondern um Jesus Christus in seiner Armut nachzufolgen und mit den Armen als den von Christus besonders Geliebten solidarisch zu sein, verzichteten die Brüder auf allen Besitz.

Als Franziskus 1226 im Alter von nur 45 Jahren starb, durch sein asketisches Leben völlig erschöpft und erblindet, hatte er die Leitung des Ordens schon seit sechs Jahren niedergelegt und mit Sorge die wachsende Organisation und die inneren Auseinandersetzungen beobachtet. Dabei blieb er ein treuer Katholik, der bis zuletzt zum Gehorsam gegenüber der Kirche ermahnte und sich dem Generalminister des Ordens und dem zuständigen Abt bedingungslos unterordnete. Mit seinen Sorgen aber sollte er recht behalten. 1323 verurteilte Papst Johannes XXII. die Lehre, daß Christus in völliger Besitzlosigkeit und Armut gelebt habe. Von 1318 bis 1352 mußten 119 Brüder auf dem Scheiterhaufen der Inquisition ihr Leben lassen.

Wenn wir einmal eine etwa aus dem Jahre 1500 stammende Karte der Bistümer Meißen, Naumburg und Merseburg betrachten, sind wir erstaunt über das bunte Bild, das sich uns bietet. Scheinbar hatte die Kirche damals überhaupt keinen Gesichtspunkt für eine Grenzziehung zwischen den Gemeinden, sondern überließ es dem Zufall. Bei näherer Prüfung aber stellen wir fest, daß gerade die Vielfalt ein deutliches Zeichen für die schöpferische Phantasie der Gemeinden war. Zwar bleibt hier noch vieles zu erforschen, aber manches kann mit ziemlicher Sicherheit gesagt werden: Wesentlich für die Abgrenzung der neugebildeten Gemeinden waren zunächst Notwendigkeiten der Seelsorge. Für Menschen, die zum großen Teil erst mit der Germanisierung ihres Gebietes Christen geworden waren, nicht immer ganz freiwillig, sollten möglichst alle Schwierigkeiten aus dem Weg geräumt werden, der zur Kirche führte. Deswegen schien es geboten, kein einheitliches Gemeindemodell zu schaffen, sondern sich der jeweiligen Situation anzupassen. Dafür einige Beispiele:
Da gab es einmal die »Ortspfarrei«. Das Kirchspiel deckte sich mit dem Dorf und seinen Grenzen. Auf diese Weise ergaben sich übersichtliche Pfarrbezirke und nur geringe Entfernungen auch für den, der am Rand der Gemeinde wohnte. Diesen Typ einer kirchlichen Gemeinde gibt es noch heute fast überall, vor allem im Erzgebirge. Hier mag eine Rolle gespielt haben, daß ein erzgebirgisches Dorf wegen seiner natürlichen Lage eine geschlossene Einheit bildete. Ohne Verkehrsmittel gab es vor allem im Winter kaum Verbindung zu den Nachbarn. Die Welt war am Dorfrain zu Ende.

Dann gab es die sogenannten »Großpfarreien«, bei denen mehrere Dörfer zu einer Kirche gehörten. Zwei Beispiele aus dem Bereich der heutigen sächsischen Landeskirche mögen verdeutlichen, wie stark auch hier gemeindliche

Belange im Vordergrund standen. Es lag nahe, daß man slawische Weiler nach der Kolonisierung auch kirchlich zusammenlegte. Mit der Zeit aber bildeten sich deutsche Siedlergemeinden, deren Kirchen älteren slawischen Dörfern näher lagen als deren zuständige Kirche. Also veränderte man die Kirchspielgrenzen, um für die slawischen Christen den Weg in die Kirche abzukürzen. Auf diese Weise kamen zu dem Dorf Schönefeld (heute ein Teil der Stadt Leipzig) die Dörfer, die im Parthental lagen und slawischen Ursprungs waren, und zu Probstheida (heute ebenfalls ein Teil von Leipzig) kamen Connewitz und Dölitz. Diese Entwicklung ist gleichzeitig ein Zeichen dafür, daß die Gemeinschaft der Christen einen höheren Stellenwert hatte als ihre Herkunft.
Es kam aber auch vor, daß die Dörfer einer Großparochie weit voneinander entfernt lagen: Zum Kirchspiel Pappendorf gehörten die Dörfer Riechberg und Mobendorf. Sie trennten fünf Kilometer, aber sie waren ursprünglich dem Lauf der Striegis folgend besiedelt worden und hatten von daher Beziehungen zueinander. Man ging lieber eine weitere Wegstrecke den vertrauten Flußlauf entlang als den kürzeren, aber unbequemeren und unter Umständen auch gefährlicheren Weg ins Nachbartal, über Höhenzüge und noch unerschlossene Wälder hindurch. Es gibt andere Beispiele: Gemeinden, zu denen dreizehn Filialen gehören, die niemals durch einen Pfarrer allein versorgt werden können! Oder Kirchspiele mit Entfernungen von etwa zwanzig Kilometern! Das sind Beispiele, bei denen kirchliche Gesichtspunkte keine Rolle gespielt haben, sondern nur die Grenzen der zuständigen »Herrschaft«, ohne Rücksicht darauf, ob sie auch dem Evangelium zugute kamen. Aber meist war es anders. Und das zu einer Zeit, in der man ein Gebiet weder durch genaue Karten noch durch Straßen gründlich erschlossen hatte! Zweifellos eine große missionarische Leistung, wenn man bedenkt, daß viele dieser Grenzen innerhalb der Kirche heute noch Gültig-

keit haben und das Gemeindeleben bestimmen – obwohl sich die Gegebenheiten schon lange geändert haben und die Möglichkeiten, sich einen sorgfältigen und genauen Überblick über ein betroffenes Gebiet zu verschaffen, wesentlich größer geworden sind.

## Die Gemeinde – ein »Kuchen«

*Martin Luther*

Es beschäftigt uns in der Gegenwart immer wieder die Frage, wie man das Abendmahl als »Gemeinschaftsmahl« zurückgewinnen könne. Und es scheint, als treten andere Fragen in den Hintergrund, die seit der Reformation zwischen den lutherischen und reformierten Kirchen gestanden haben, wie z. B. die Bedeutung von Brot und Wein, der »Elemente«. Luther wurde oft so zitiert, als ob allein dort seine Interessen gelegen hätten. Aber schon 1519, in der Schrift »Ein Sermon von dem hochwürdigen Sakrament und von den Bruderschaften«, zeigte er, wie sehr das Abendmahl Ausdruck der Gemeinde sei, des einen Leibes Christi, des einen Brotes, ja, Luther sagt sogar des einen »Kuchens«.

Zur Zeit Luthers wurden unzählige Messen gelesen. An manchen großen Kirchen waren eigens Priester angestellt, die oft nichts weiter beherrschten als das Meßformular – und die zeitlebens nicht mehr zu wissen brauchten. Irgendein reicher Herr hatte Geld gestiftet, damit für ihn oder vielleicht für einen Verstorbenen aus seiner Familie für zehn, zwanzig oder dreißig Jahre oder ein ganzes Leben lang Messe gelesen wurde. Spender und Kirche waren davon nicht besser geworden. Das Sakrament des Abendmahls bedeutet aber »eine ganze Vereinigung und ungeteilte Gemeinschaft der Heiligen«, schreibt Luther in der Einleitung seines Büchleins. Das Sakrament ist das Zeichen der Gemeinschaft, der Mitgliedschaft. Es macht deutlich, daß der Christ zur Gemeinde gehört wie ein Bürger zur Stadt oder zum Volk. »Wie in einer Stadt einem jeglichen Bürger gemein wird derselben Stadt Name, Ehre, Freiheit, Handel, Brauch, Sitten, Hilf, Beistand, Schutz und dergleichen, wiederum alle Gefahr, Feuer, Wasser, Feind, Sterben, Schaden, Aufsätz und dergleichen (›Aufsätze‹ meint Gefahren, Katastrophen). Denn wer mit genießen will, der muß auch mit entgelten und Lieb mit Lieb vergleichen.« Im Abendmahl kommt zum Ausdruck, daß sich kein Christ freuen kann, ohne daß sich die anderen mitfreuen, und daß keiner am »kleinsten Zehlein« leiden kann, ohne daß es den anderen weh tut. Luther dachte dabei an 1Kor 12,25ff. »Welcher nun verzagt ist, den sein sündlich Gewissen schwächt oder der Tod erschreckt oder sonst ein Beschwerung des Herzens hat, will er derselben los sein, so gehe er nur fröhlich zum Sakrament des Altars und *lege sein Leid in die Gemein und such Hilfe bei dem ganzen Haufen des geistlichen Körpers,* gleich so, als wenn ein Bürger auf dem Land einen Schaden oder Unfall von seinen Feinden erlitten, seinen Ratsherrn und Mitbürgern das klagt und um Hilf anruft.«

Alle sind angesprochen. »Da muß nun dein Herz sich in die Lieb ergeben und lernen, wie dies Sakrament ein Sakrament der Lieb ist und wie dir Lieb und Beistand geschehen, wiederum Lieb und Beistand erzeigen Christo in seinen Dürftigen.« Denn: »Dies Sakrament der Gemeinschaft, Lieb und Einigkeit mag nit Zwietracht und Uneinigkeit dulden. Du mußt der anderen Gebrechen und Notdurft dir zu Herzen lassen gehen, als wären sie dein eigen, gleichwie dir Christus im Sakrament tut.« Wenn also nicht im Abendmahl eine bestehende Gemeinschaft Gestalt gewinnt, kann das Abendmahl nicht sinnvoll gefeiert werden. Luther war von diesem Gedanken so bewegt, daß ihm darüber die Elementenlehre fast gleichgültig werden konnte. Der Glaube sei wichtiger als Brot und Wein, der Glaube nämlich, der sich in der Liebe zu den anderen auswirkt. Schon der heilige Augustin habe gesagt: »Was bereitest du den Bauch und die Zähne? Glaub nur, so hast du das Sakrament schon genossen!« Vielleicht haben die Menschen damals, als sie nach vielen Jahrhunderten zum erstenmal wieder den Kelch gereicht bekamen und alle aus einem Kelch tranken, ihre Gemeinschaft stärker empfunden als wir heute, die wir beim Empfang des Abendmahls unseren Nachbarn manchmal gar nicht sehen, geschweige denn das Gefühl haben, wir sitzen eigentlich mit ihm an einem Tisch, bei einer gemeinsamen Mahlzeit, mit dem Herrn Christus als Hausvater.

## Gewalt schafft keine neue Ordnung

*Martin Luther*

Luther hatte 1520 geschrieben: »Je näher unsere Messe der ersten Messe Christi kommt, um so besser ist sie ohne Zweifel, und je entfernter sie ist, um so gefährlicher ist sie.« Er war auf Veranlassung Friedrichs des Weisen bei der Rückkehr vom Reichstag zu Worms auf die Wartburg gebracht worden. Seine Wittenberger Freunde versuchten unterdessen, Schritt für Schritt Luthers Gedanken, und das hieß nach ihrer Meinung evangelische Gedanken, in die Tat umzusetzen. Am 25. September 1521 reichte Melanchthon den Studenten zum erstenmal das Abendmahl in beiderlei Gestalt. Jeder bekam den Kelch in die Hand. Sein Kollege Gabriel Zwilling trug statt des Meßgewandes ein einfaches schwarzes Gewand und ein Federbarett. Es wurde deutsch und nicht lateinisch gesprochen. Ein Antonitermönch bezog von Studenten Prügel, weil er Almosen sammeln wollte. Die katholische Messe durfte nicht mehr gelesen werden. Stille Messen, nur in Gegenwart des Priesters, wurden abgeschafft, und die Anzahl der

Messen wurde auf täglich eine beschränkt. Viele Mönche ließen ihre Tonsur zuwachsen, verließen die Klöster und heirateten. Der Kirchengesang schwieg, die Orgel auch (der »laszive« Orgelklang wecke weltliche Gedanken, hieß es). »Verweist Orgeln, Trompeten und Flöten auf das Theater!« meinte Karlstadt. Luther machte im Dezember 1521 einen heimlichen Besuch in Wittenberg. Was er sah, gefiel ihm. Wörtlich schrieb er: »Alles, was ich sehe und höre, gefällt mir sehr gut. Der Herr stärke den Geist aller Gutgesinnten!«

Zu Weihnachten predigte Karlstadt ebenfalls im einfachen schwarzen Gewand in der Schloßkirche und teilte gegen das Verbot des Kurfürsten das Abendmahl wiederum in beiderlei Gestalt aus. Erst am Heiligen Abend hatte er es bekanntgegeben, aber zweitausend Menschen füllten das Kirchenschiff – Wittenberg hatte damals schätzungsweise zweitausendfünfhundert Einwohner. Die Einsetzungsworte wurden deutsch gesprochen.

Karlstadt ging noch weiter. Er schickte die Studenten aus den Hörsälen aufs Land, weil man nach der Vertreibung aus dem Paradiese »im Schweiße seines Angesichtes sein Brot verdienen« müsse. Die Lateinschule wurde in eine Brotverteilungsstelle für die Armen umgewandelt. Fasten und Beichten erklärte man zur Sünde, und Karlstadt ging zu den Handwerkern der Stadt, um sich von ihnen die Bibel auslegen zu lassen. Der Rat der Stadt Wittenberg bekannte sich zu dieser Entwicklung. Er ordnete am 24. Januar 1522 an, das Abendmahl in beiderlei Gestalt zu geben und alle Bilder und Altäre bis auf drei aus der Wittenberger Stadtkirche zu entfernen. Es kam zu Ausschreitungen. Bilder wurden nicht nur entfernt, sondern zerstört. Wer widersprach, wurde vertrieben. Die Lage wurde unhaltbar, als der Reichstag eine Untersuchungskommission schickte. Friedrich der Weise bat Luther schriftlich um Rat, beschwor ihn aber, ja nicht selbst zu kommen.

Doch Luther kam selbst. Am 6. März 1522 traf er in Wittenberg ein. Noch am selben Tage hatte er eine Besprechung mit seinen Vertrauten Melanchthon, dem Stadtpfarrer Justus Jonas, Nikolaus von Amsdorf und dem Juristen Hieronymus Schurf. Was Luther in Wittenberg sah, gefiel ihm noch immer. 1522 schrieb er im Rückblick: »Ich wollte und es sollte wohl so sein, daß man ganz und gar keine Messe hätte, außer zu der Zeit, da Leute da wären, die das Sakrament haben wollten und um eine Messe bäten, und daß solches nur einmal in der Woche oder im Monat geschähe, denn das Sakrament sollte immer nur auf Veranlassung und Bitte der hungrigen Seelen gereicht werden, nicht aus Pflicht, Stiftung, Brauch, Gesetz oder Gewohnheit.« Aber wie es dazu gekommen war, das gefiel ihm ganz und gar nicht. Gewalt paßt nicht zum Evangelium! Einen Tag nach seiner Ankunft, am Sonntag Invokavit, trat er auf die Kanzel und predigte eine Woche lang jeden Tag – deshalb nannte man diese Predigten später die »Invokavitpredigten«. Mit ihnen stellte er Ruhe und Ordnung wieder her. Die alte Messe wurde wieder eingeführt und die neue für diejenigen zugelassen, die dazu Lust hätten. Die alten Gewänder wären wieder zu tragen und aus den Meßtexten lediglich die Stellen zu streichen, die einer evangelischen Auffassung des Abendmahls entgegenstünden. Man müßte meinen, Luther hätte damit schon im Ansatz auch für spätere Zeiten jeden Versuch im Keime erstickt, Glaubensfragen durch Gewalt zu lösen. Das ist ihm nicht gelungen. Kein halbes Jahr nach seinem Tode lieferten sich Katholiken und Evangelische im Schmalkaldischen Krieg 1546–1547 die ersten Schlachten. Und es lohnt sich, darüber nachzudenken, daß wir uns in der Gegenwart Kriege mit unseren katholischen Brüdern und Schwestern in Glaubensfragen nicht mehr vorstellen können!

Der Wittenberger Rat dankte Luther sein energisches und beherztes Eingreifen. In seinen Rechnungsbüchern von

1522 steht zu lesen: »Zwei Schock, neununddreißig Groschen, sechs Pfennige Doctor Martinus verehrt, da er aus dem Gefängnis kam. An acht dreiviertel Ellen zu einer Kappe, die Elle für achtzehn Groschen bei Hans Modden genommen und Matthes Globig.«

## Kollekte einmal anders

Wer Gelegenheit gehabt hätte, um das Jahr 1500 herum einen Besuch in einer deutschen Stadt zu machen, dem wären an allen Ecken und Enden »Gammler« begegnet, in den Straßen und Gassen, vor den Rathäusern und auf den Märkten, vor allem aber dort, wo man am ehesten darauf hoffen konnte, Barmherzigkeit anzutreffen: vor den Türen der Kirchen. Es waren nicht nur Arme und Bedürftige, es waren auch Bequeme und Faule, Landflüchtige und verarmte Städter. Ganze Familien mußten ihren Broterwerb im Betteln suchen. Frauen, Kinder, Greise bevölkerten die Straßen in der Hoffnung auf Almosen. So kam es, daß immer weniger Menschen wirklich geholfen wurde, die auf diese Art der Fürsorge angewiesen waren. Zwar gab es Gesetze, durch die man versuchte, die Armen zu ihrem Recht kommen zu lassen. Aber sie vermochten nicht, das Bettelunwesen von den Straßen zu verdrängen. Ja, für eine Anzahl von Mönchsorden war das Betteln Ausdruck ihrer besonderen Frömmigkeit, ihrer besonderen Verdienste vor Gott. Am 1. September 1522, noch vor Einführung der Reformation, aber zu einer Zeit, als die beiden Hauptkirchen der Stadt Nürnberg, St. Sebaldus und St. Lorenz, von lutherfreundlichen Predigern besetzt waren, trat für diese Stadt eine neue und – so muß man heute im Blick auf die damalige Zeit sagen – vorbildliche Armenordnung in Kraft.

Zwei gewählte Mitglieder des Rates und zehn andere

Bürger bildeten die ehrenamtliche Verwaltungsbehörde, die von da an für die Versorgung der Armen verantwortlich zeichnete. Vier angestellte »Knechte« hatten Woche für Woche ihren Stadtbezirk abzugehen und Buch zu führen über alle Armen und Bettler. Jede Woche mußten sie den Bezirk wechseln, damit ihre Objektivität und Neutralität gewahrt blieben. Sie erkundigten sich nach dem Leumund des Betroffenen, nach seinen Vermögensverhältnissen, seiner Arbeitsfähigkeit, nach Gesundheit und Verwandtschaft. Sie taten, was notwendig und was möglich war. Alte Ehepaare erhielten pro Woche 50–60 Pfennige; wenn sie Kinder hatten, 70–80; Alleinstehende 35–40; wer noch arbeiten konnte, 15–35. Pflegebedürftige bekamen in der Woche einen halben Gulden, das sind etwa 7,50 Mark. (Zum Vergleich: Der Tagelohn eines Handwerkers betrug 6–15 Pfennige, eines Tagelöhners 7–18 Pfennige. In einer süddeutschen Stadt kostete eine Gans 8 Pfennige, eine Tonne Heringe 6 Gulden und eine Maß Branntwein 5 Pfennige.) Es war dafür Sorge getragen, daß auch diejenigen nicht übersehen wurden, die sich ihrer Armut schämten und deswegen nicht bettelten. Betteln wurde generell verboten. Die Wirte wurden angewiesen, an ehemalige Bettler, die ein bestimmtes Abzeichen trugen, keinen Alkohol auszuschenken. Ausnahmen gab es nur an Allerseelen und Allerheiligen und für ein paar Bettelorden, aber auch nur so lange, bis sich in Nürnberg die Reformation endgültig durchgesetzt hatte.

Die Nürnberger Armenordnung war ein Versuch, das Evangelium in die Gegenwart hinein zu übersetzen und für die Schwachen und Armen verständlich zu machen. Deshalb beginnt diese Ordnung mit folgenden Worten: »Glauben und Lieben, wie Christus im Evangelium sagt (Mt 22), sind die zwei Hauptstücke eines rechten christlichen Wesens, darin alle anderen Gebote Gottes beschlossen sind, in denen auch das ganze Gesetz und die Propheten hängen. Denn Christus lieben, ihm allein zu vertrauen und dem Nächsten zu tun, wie ich glaube, daß mir Christus getan hat, das ist der einzig rechte Weg, fromm und selig zu werden, und ist kein anderer.« Vierzehn Tage vor Inkrafttreten wurde die Armenordnung von allen Kanzeln abgekündigt und ausgelegt. Und nun wurde statt vieler Kollekten für verschiedenste Zwecke wie Findelhäuser, Kirchbau, Spitäler, »Glockenläuter« usw., eine einzige Kollekte gesammelt. Sie speiste die Armenkasse und versuchte darüber hinaus allen diesen Zwekken gerecht zu werden, soweit sie einen wirklichen Sinn hatten.

## Evangelische Finanzwirtschaft

*Martin Luther*

Einer aktiven evangelischen Stadtgemeinde in Sachsen haben wir zwei wichtige Schriften Martin Luthers zu verdanken. Der Anlaß lag darin, daß die Stadt Leisnig an der Mulde evangelisch geworden war. Daraus zog sie verschiedene Konsequenzen, die ihr geistliches wie auch ihr weltliches Leben betrafen. Die Bürger der Stadt machten sich Gedanken darüber, was mit dem ehemaligen vielfältigen Kirchenbesitz zu geschehen habe. Bei einem Besuch Luthers im September 1522 wurde die Frage mit ihm besprochen. Auf dieses Gespräch hin entwarfen Gemeindevertreter die »Ordnung eines gemeinsamen Kastens«, die mit einem Geleitwort Luthers im Jahre 1523 im Druck erschien und seitdem ihren Platz in allen großen und auch fast allen kleinen Lutherausgaben hat, obwohl sie nicht aus seiner Feder stammt. Luther legte sehr viel Wert darauf, daß mit den Mönchen trotz der allgemeinen Auflösung der Klöster nicht zu hart verfahren wurde. Sie sollten aus dem Klosterbesitz so etwas wie eine kleine Mitgift erhalten, um ein neues Leben beginnen zu können. Waren sie aber alt oder krank, so sollten sie im Kloster bleiben und dort versorgt werden. Die »Leisniger Kastenordnung« legte fest, daß alle Einkünfte und aller Besitz in Zukunft dem »gemeinen Kasten« zugute kommen sollten, und zwar der kirchliche Besitz mit seinen Einnahmen (zu ihm gehörte sogar der Brückenzoll der Muldenbrücke!) wie Geschenke und Testamente in bar oder in Naturalien wie Mehl, Getreide, Obst usw. Solche Naturalien sollten sofort an Arme weitergegeben, die Gelder »im Kasten« behalten werden. Dazu sollten alle Bürger, Handwerker und Bauern in diesen »Kasten« Steuern zahlen. Es war vorgesehen, daß zehn Einwohner, die jährlich neu zu wählen waren, die Verwaltung des »Kastens« übertragen bekamen, unter ihnen zwei Vertreter des Adels, zwei des Rates der Stadt, drei aus der Bürgerschaft und drei aus den Bauern der Umgebung. Sie hatten drei Bücher zu führen: das Hauptbuch mit der »Ordnung des gemeinen Kastens« und allen Urkunden, das Handelsbuch mit den laufenden Geschäften und das Jahrrechenregister mit dem Inventarverzeichnis und der Jahresrechnung. Dreimal im Jahr mußten sie einer Gemeindevollversammlung berichten, einmal ihren Jahresbericht vorlegen. Sie waren außer für den »Kasten« auch zuständig für die Anstellung der Pfarrer, der Lehrer, für den regelmäßigen Gottesdienstbesuch der Gemeindeglieder und für das Halten der Gebote in den Familien der Stadt und ihrer Umgebung. Notfalls standen ihnen obrigkeitliche Rechte und Möglichkeiten der Gewaltanwendung zur Verfügung. Aus ihrer Mitte hatten sie weiterhin zwei »Baumeister« zu bestimmen, die für alle öffentlichen Gebäude, die Muldenbrücke eingeschlossen, aber auch für das Kollektieren im Gottesdienst und die Versorgung der Armen zuständig waren. Aus dem »Kasten« bezahlte man sämtliche Gehälter für Pfarrer, Küster, Lehrer usw., aber auch Renten für unverschuldet arm Gewordene, für Waisen (bis zur Mitgift für verwaiste Mädchen), den Unterhalt der öffentlichen Gebäude und

die Kosten für die Einrichtung eines Lebensmittellagers für Notzeiten.
Gescheitert ist dieser Versuch einer geordneten Finanzwirtschaft an der mangelnden Bereitschaft des Rates, seine Einnahmen dem »Kasten« zur Verfügung zu stellen.
Als der Rat der Stadt bei der Anstellung eines Pfarrers Auseinandersetzungen mit dem bisherigen Patron bekam, dem Zisterzienserabt Antonius des Klosters Buch, trug er auch diese Angelegenheit Luther vor und wählte dann mit dessen Zustimmung einen Pfarrer und einen Lehrer aus eigener Vollmacht. Luther begründete seine Zustimmung – ohne Leisnig zu nennen – in der im gleichen Jahr erschienenen Schrift: »Daß eine christliche Versammlung oder Gemeinde Recht und Macht habe, alle Lehrer zu beurteilen und Lehrer zu berufen, ein- und abzusetzen: Grund und Ursach aus der Schrift.«
Hier legte er dar, daß inmitten einer heidnischen Umgebung ein Christ überhaupt keinen besonderen Auftrag zum Predigen brauche, inmitten einer Gemeinde aber um der Ordnung willen die Gemeinde zuständig sei für seine Wahl, seine Beurteilung und seine Berufung, weil nach der Schrift die Gemeinde die Unterscheidung der Lehre habe und nicht ein besonderer Stand, weder der Bischöfe noch der Mönche. Und dort, wo das Evangelium gehört und geglaubt werde, dort sei auch Gemeinde.

## Das eilige Bekenntnis

Vielleicht wird man später einmal das 20. Jahrhundert das Jahrhundert der kirchlichen Zusammenschlüsse, der Kirchenunionen nennen, und das wäre ein guter Titel. Er läßt allerdings nicht ahnen, wieviel Mühe hinter jeder einzelnen Kirchenunion steckt und wieviel Zeit man gebraucht hat, damit sie zustande kam. Man mußte oft nicht nur mit Jahren, sondern mit Jahrzehnten rechnen – und manchmal konnte man sich auch nach Jahrzehnten nicht auf ein gemeinsames Bekenntnis einigen und ging wieder auseinander. Nicht viele Christen wissen, daß eines der bekanntesten Bekenntnisse der Kirchengeschichte, Grundlage einer neu zu schaffenden Kirchengemeinschaft und schon über 350 Jahre alt, in insgesamt 52 Tagen verfaßt, korrigiert und unterschrieben wurde. Es handelt sich um die wichtigste lutherische Bekenntnisschrift, die »Confessio Augustana«, die Augsburgische Konfession. Man kann sie in jedem Gesangbuch nachlesen, und sie hat ihren Wert vor allem dadurch behalten, daß sie in großer Klarheit und Gültigkeit Luthers Rechtfertigungslehre formulierte. Ihre Entstehung verdankt sie unmittelbar dem Kanzler Eck, einem der entschiedensten Gegner Luthers seit der Leipziger Disputation 1519. Er brachte auf den Augsburger Reichstag 1530 eine Liste von 404 »evangelischen Irrtümern« mit, die er aus mehr als 3000 »Irrtümern« ausgewählt hatte. Eigentlich hatten sich die evangelischen Fürsten von diesem Reichstag eine Einigung in Glaubensfragen versprochen, oder vielmehr: Kaiser Karl V. hatte sie ihnen versprochen, als er in der Einladung schrieb, es gelte, »die Zwietracht hinzulegen, vergangene Irrsal unserem Heiland zu ergeben und eines jeden Gutdünken, Opinion und Meinung in Liebe zu hören, zu verstehen, zu erwägen und zu einer christlichen Wahrheit zu bringen«. Nun waren sie die Angeklagten, und Philipp Melanchthon machte sich am 2. Mai 1530 an den Entwurf einer Verteidigungsschrift, die er am 11. Mai, nach neun Tagen, an Luther auf die Veste Coburg schickte zur Begutachtung. Luther hatte nicht mit nach Augsburg kommen können, weil er sich in der Reichsacht befand. So verfolgte er ungeduldig die Augsburger Ereignisse auf der südlichsten kursächsischen Burg, die ihm Schutz gewährte. Er schrieb zurück: »Ich habe Magister Philippens Apologie überlesen,

die gefällt mir gar wohl, und weiß nichts dran zu bessern noch zu ändern. Würde sich auch nicht schicken; denn ich so sanft und leise nicht treten kann. Christus, unser Herr, helfe, daß sie viel und große Frucht schaffe, wie wir hoffen und bitten.«
In Augsburg spitzte sich die Lage zu. Der Kaiser nötigte die evangelischen Fürsten, alle evangelischen Gottesdienste zu unterlassen. Sie weigerten sich. Sie weigerten sich auch, an der Fronleichnamsprozession teilzunehmen. Zwar kam es in der Frage der Gottesdienste zu einem Kompromiß, weil der Kaiser zusagte, daß auch nichtkatholisch gepredigt werden dürfe. Man wollte nur Gottesdienste halten, in denen der Bibeltext verlesen und nicht ausgelegt werde. Aber das evangelische Lager stand so unter Druck, daß man die Notwendigkeit eines einheitlichen Handelns erkannte. So unterschrieben am 23. Juni 1530, nach genau 52 Tagen, Kurfürst Johann von Sachsen, Markgraf Georg von Brandenburg, Herzog Ernst von Lüneburg, Landgraf Philipp von Hessen, Fürst Wolfgang zu Anhalt und die freien Reichsstädte Nürnberg und Reutlingen die Confessio Augustana. Sie wurde am 25. Juni 1530 von Kanzler Christian Bayer in der Kapitelstube der Bischöflichen Pfalz, der Wohnung des Kaisers, öffentlich verlesen. Der Raum bot sehr wenig Platz, deshalb mußten die Türen offenstehen, und jedermann konnte auf der Straße zuhören.
Die Katholiken antworteten mit einer »Confutatio« (Widerlegung), die ebenfalls öffentlich verlesen wurde. Der Kaiser betrachtete die Confessio Augustana damit als widerlegt. Die Einigung war gescheitert. So wurde eine Schrift, die die reformatorischen Hauptanliegen zu Anliegen der katholischen Kirche machen sollte und sich als Bekenntnis der einen bestehenden christlichen Kirche betrachtete, zur Bekenntnisschrift einer neu entstehenden Kirche, der lutherischen. Ein Dokument, das als Dokument der Einheit gedacht war, wurde gegen den Willen

der Verfasser zu einem Dokument der Spaltung. Deshalb ist es bis heute ein Dokument der Sehnsucht nach der Einheit der Kirche geblieben, gültig nun schon über dreieinhalb Jahrhunderte – der Wert von Kircheneinigungen und -vereinigungen hängt offenbar nicht von der Zeit ab, die man braucht, um die nötigen Lehrgrundlagen zu formulieren.

## Reformation von unten

Die Geschichte der Reformation kommt einem zuweilen vor wie eine Geschichte bedeutender Theologen: Luther, Calvin, Zwingli, Melanchthon, Nikolaus von Amsdorf, Justus Jonas ... Wer einmal prüft, auf welche Weise reformatorische Gedanken auf Länder und Städte übergegriffen haben, stößt auf Prediger und auf Fürsten, die durch Prediger angesprochen und für den evangelischen Glauben gewonnen worden sind. Sehr schnell haben sich die einfachen Menschen die Schriften Luthers zu eigen gemacht und der Reformation zum Durchbruch verholfen, aber wesentlich ist die Reformation doch wohl eine Reformation »von oben« gewesen, wobei es nicht unbedingt um die Schicht der Machthaber ging als vielmehr um die Schicht der Gebildeten. Die Reformation Luthers entzündete sich an einer theologischen Frage, der Frage der Rechtfertigung – das heißt, man mußte sie »denken« und auch formulieren können, wenn man damit überzeugen wollte.

In der Stadt Braunschweig hat es eine Reformation »von unten« gegeben, und es liegt in der Sache, daß man sie wenigstens bisher nicht in der gleichen Weise mit Namen belegen kann wie zum Beispiel in Wittenberg oder in Nürnberg oder in Hamburg und Freiberg und Dresden. Zwar steht am Anfang der Braunschweiger Reformationsgeschichte ein Mönch, Gottschalk Kruse, der Luthers Schriften zu lesen bekam, nach Wittenberg zum Studium ging und nach seiner Rückkehr 1521 die Gedanken Luthers in Braunschweig verbreitete. Aber schon bald wurde er von Herzog Heinrich dem Jüngeren aus der Stadt und dem Lande Braunschweig vertrieben. Der Landesherr übernahm 1522 das Wormser Edikt und stellte unter Strafe, wenn jemand wagte, sich zu Luther zu bekennen. Das ließ sich die Bevölkerung auf die Dauer nicht gefallen, in diesem Falle wirklich »das Volk«. Eine neuere Kirchengeschichte Braunschweigs schreibt: »Die Bestrebungen, die in der Stadt Braunschweig auf die Reformation hindrängten, hatten ihren Sitz im Volk. Die führenden Schichten der Stadt gingen nur sehr zögernd mit. Die Bewegung, zu der sich auch soziale und politische Strömungen gesellten, ging von unten nach oben und nicht von oben nach unten.«

Der Rat der Stadt gab schließlich dem Druck nach und holte sich den Stadtpfarrer von Wittenberg, Johannes Bugenhagen, Luthers engen Freund und lebenslangen Beichtvater. Luther rechnete ihn unter die Menschen, die »dem Teufel starke Knochen entgegenhalten und gute Püffe vertragen können«. Bugenhagen war in der Tat ausgleichend und wenig empfindlich. Er reagierte mit dem kühlen Temperament des Pommern – sein Geburtsort war Wollin – auf Angriffe weniger heftig als Luther. So wundert man sich nicht, daß die von ihm 1528 vorgelegte Kirchenordnung sich durch eine maßvolle und einfühlsame Neuordnung auszeichnete und zum Beispiel in Fragen des Gottesdienstes keine radikalen Wege ging. Trotzdem gehört sie nicht nur zu den ersten, sondern auch zu den wichtigsten Versuchen, den Rechtfertigungsglauben in kirchliche Ordnung zu übersetzen. Sie wurde zum Vorbild für viele andere Kirchenordnungen im norddeutschen Raum. Sie wird von drei Grundsätzen bestimmt, die wörtlich zitiert werden sollen:

»Das erste ist, gute Schulen aufzurichten für die Kinder. Das andere ist, Prediger anzunehmen, die Gottes Wort dem Volke rein vortragen, auch lateinische Lektionen und Auslegung der Heiligen Schrift für die Gelehrten zu verschaffen. Das dritte ist, einen Gemeindekasten einzurichten mit Kirchengütern und anderen Gaben, woraus solche und andere Kirchendienste erhalten und der Notdurft der Armen geholfen werden.«

Wenn man diese Kirchenordnung heute liest, ist zweierlei bemerkenswert: An erster Stelle stehen nicht Predigt und Gottesdienst, sondern die Sorge um die Jugend – das bedeutet, die Sorge um die Zukunft der Gemeinde. Und außerdem wird die Diakonie zu den drei wesentlichsten Aufgaben einer Gemeinde gerechnet. Der »Gemeindekasten der Armen ist rechter guter Gottesdienst«, sagt Bugenhagen in seiner »volksnahen« Kirchenordnung. Übrigens liegt die Verantwortung für diese drei und alle anderen Aufgaben der Gemeinde, die die neue Kirchenordnung vorsieht, beim Superintendenten oder – wie man damals sagte – beim »Superattendenten«, ein Amt, das die Reformatoren erfunden haben und das sich bis heute erhalten hat als ein Dienst, der ständig das Wort Gottes nicht nur zu predigen, sondern auch in Ordnungen zu übersetzen hat.

## Synode neben dem Scheiterhaufen

Im Frankreich des 16. Jahrhunderts erstickte man jede evangelische Regung im Keim. Eine abgestufte Kette von Bestrafungen wartete auf die »Ketzer«: Gefängnis, Geldstrafe, Auspeitschung, Verbannung, Verstümmelung, Verbrennung. Zweiundzwanzig waldensische Dörfer in der Provence wurden niedergebrannt, viertausend Bewohner erschlagen, sechshundert weitere kamen auf die Galeeren.

Unter der Regierung Heinrichs II. verschlimmerte sich die Lage. Ein neu eingerichteter Gerichtshof für Ketzerprozesse verhängte als Strafe grundsätzlich die Hinrichtung durch Verbrennen; er hieß deshalb die »Feuerkammer«.
Mitten in dieser Zeit härtester Verfolgung begannen die evangelischen Gemeinden in Frankreich damit, sich festere Ordnungen zu geben. Ihr Berater war in erster Linie Johannes Calvin in Genf, und so gingen auch die bis dahin lutherischen Gemeinden Frankreichs allmählich zum reformierten Bekenntnis über. 1555 kam es zum Zusammenschluß in Paris. Zum erstenmal mußte eine evangelische Kirche sich eine Ordnung schaffen ohne die geringste Anlehnung an die Obrigkeit, ja unter härtester Bedrohung. Die Einzelgemeinden wurden von einem Kollegium von Diakonen und Ältesten geleitet, zusammen mit den Pastoren, die zumeist Calvin aus Genf gesandt hatte. Sie schlossen sich zu Kreissynoden zusammen, und die Kreissynoden bildeten die Nationalsynode. Das war die erste Synode in der Geschichte der evangelischen Kirchen überhaupt. Sie wurde zum Vorbild aller späteren calvinisch geprägten Kirchen.
1559 war zwischen Frankreich und Spanien Frieden geschlossen worden. Man vermutete, daß zu den Geheimabmachungen bei diesem Friedensschluß auch Maßnahmen gegen die »Ketzer« gehörten. Der König machte einen überraschenden Besuch im Parlament und forderte zu einer »freien« Aussprache über religiöse Fragen heraus. Die fünf Hauptsprecher der Opposition wurden am selben Tag verhaftet. Während noch der Prozeß gegen sie lief, trat die Nationalsynode zusammen, in aller Heimlichkeit, denn schon der Besuch eines evangelischen Gottesdienstes konnte den Scheiterhaufen bedeuten, um wieviel mehr der Besuch einer Synode! Der zweite Pariser Pfarrer de Morel wurde zum Vorsitzenden gewählt. Erschienen waren zweiundsiebzig Vertreter von Einzelkirchen, Pfarrer und Älteste. Sie vertraten rund vierhunderttausend evan-

gelische Christen Frankreichs. Calvin sandte ihnen ein Grußschreiben, in dem es hieß: »Gott wolle zur Leitung eurer Geister seinen Geist spürbar den Vorsitz in der ganzen Versammlung führen lassen!«

Die Synode verabschiedete vierzig Glaubensartikel, dazu vierzig Artikel der Gemeindeordnung, und sie beantwortete fünfundzwanzig Fragen aus den Gemeinden!

Die Gemeinden wurden untereinander gleichgestellt. Zur Nationalsynode gehörten Prediger, Diakone und Älteste. Sie tagte nach Bedarf und beschloß mit Stimmenmehrheit. Mindestens einmal im Jahr mußten die Provinzialsynoden tagen, die zusammen mit den Nachbarpredigern die Prediger der Gemeinden wählten. Älteste und Diakone bildeten dann unter Vorsitz des Predigers den Kirchenrat der Gemeinde.

Wenn man diese Synode mit den Genfer Konsistorien vergleicht, dann fällt auf, daß mit der Vertretung der Gemeinden durch Laien ein völlig neues Element in die Kirchenordnungen hineingekommen ist. Zwar gab es einen lutherischen Entwurf aus dem Jahre 1527, die sogenannte »Homberger Synode«, die auf die Initiative des Landgrafen Philipp von Hessen zurückging. Luther warnte aber in einem Brief vor der Verwirklichung, weil er meinte, so etwas müsse wachsen, und man solle erst handeln und dann die Gesetze machen.

In Paris ist die Synode in der Tat »gewachsen«. Eine Kirche, die ohne jede staatliche Anerkennung als Minderheit in der Diaspora lebte, unter Verfolgung leidend, brauchte die Vertreter der Gemeinden, die die eigentliche Last der Mission und der täglichen Auseinandersetzungen zu tragen hatten. Man konnte ihnen nichts auferlegen, was sie nicht selbst beschlossen hatten. Ein Kirchenregiment ohne verantwortliche Beteiligung der Gemeinde hätte im luftlerren Raum gelebt.

Diese Kirchenverfassung ist zum Vorbild für viele evangelische Kirchenordnungen geworden, auch im deutschen

Raum. In einer geheimen Zusammenkunft niederrheinischer Protestanten, dem »Weseler Konvent«, hat man z. B. für die rheinische Kirche eine presbyterial-synodale Kirchenordnung entworfen, die bis in die Gegenwart durchgehalten worden ist.

## Der Erfinder der Hauskreise

*Philipp Jakob Spener*

Kann man sich so etwas vorstellen? Ein Kurfürst, in diesem Falle Johann Georg III. von Sachsen, überlegt sich ernsthaft, ob er nicht seinen Hof von Dresden nach Torgau verlegen soll. Warum? Aus Angst vor den Predigten und Briefen seines Oberhofpredigers und Beichtvaters Philipp Jakob Spener! Denn Spener sprach ihn und seinen Hof öffentlich und vertraulich immer wieder an auf die verbreitete Trunksucht und eine allzu leichtfertige Auffassung von der ehelichen Treue, berechtigterweise. Dabei hatte derselbe Kurfürst nach der Antrittspredigt 1686 geäußert, ihm sei noch niemals das Wort so zu Herzen gegangen in seinem ganzen bisherigen Leben.

Was war das für ein Mensch, der solche Angst einjagen konnte, obwohl er über keine andere Macht verfügte als das Wort und außerdem als friedlicher, versöhnlicher Mann galt?

Als Philipp Jakob Spener 1666 sein Amt als Senior und Pfarrer in Frankfurt am Main antrat, war er relativ unbekannt. Aber sein Weg war klar vorgezeichnet. Das Thema dieses Weges entnehmen wir am besten der Schrift, der er Entscheidendes zu verdanken hatte, Johann Arnds »Vier Büchern vom wahren Christentum« (1606–1610): »Die Hauptaufgabe der Christen ist, das Leben dessen zu führen, an den sie glauben!« So versuchte Spener, die Christen zu einer persönlichen Entscheidung, zu einer »Bekehrung« zu bringen. Die Möglichkeit dazu sah er in einer intensiven Beschäftigung mit der Schrift, ein Gedanke, der auf Luther zurückging. Aber wie macht man das? Zwei Bibelstellen wurden ihm besonders wichtig: 1Kor 14,26ff. und Kol 3,16. Er sammelte willige Leute in kleinen Kreisen, in den »Collegia Pietatis«. Er schreibt darüber: »Zu gewissen Zeiten kommen einige aus dem Predigtamte oder doch unter Leitung eines Predigers mehrere andere aus der Gemeinde, welche von Gott mit ziemlicher Erkenntnis begabt oder begierig sind, in derselben zuzunehmen, zusammen. Sie nehmen die Heilige Schrift vor, lesen daraus öffentlich und unterreden sich über jegliche Stelle brüderlich. Dabei ist es sowohl jedem, der die Sache nicht genugsam versteht, erlaubt, seine Zweifel vorzutragen und deren Erläuterung zu begehren, als auch denen, die weiter gekommen, samt den Predigern gestattet, frei auszusprechen, wie sie jede Stelle verstehen. Was nun ein jeglicher vorgebracht hat, würde von den übrigen, besonders von den berufenen Lehrern, genauer erwogen und so die ganze Versammlung erbaut.« Dies könnte nicht nur den Teilnehmern für ihren persönlichen Glauben und ihr persönliches Leben helfen, sondern auch den Predigern, und zwar besser als eine Predigt oder auch die private häusliche Schriftlektüre. Spener erhoffte sich von diesen Kreisen allmählich die Heranbildung von Mitarbeitern, die dem Pfarrer bei seinen Aufgaben helfen könnten, vor allem in der Seelsorge. Dem kam die Tradition Frankfurts entgegen, wo seit der Reformation durch Martin Bucer das Laienamt stärker ausgeprägt war als anderswo (in Frankfurt saßen damals schon Laien in der Kirchenleitung) und auch seelsorgerliche Hausbesuche durch die Pfarrer üblich waren.

Spener hatte schon während seines Studiums in Straßburg mit anderen Studenten ähnliche Wege beschritten. Jene »Hauskreise« (diesen Begriff gab es damals noch nicht)

scheinen offen gewesen zu sein für alle, die »begierig« waren, »in der Erkenntnis der Schrift zuzunehmen«.
Sicher hat diese Frankfurter Praxis einen starken Anteil daran, daß Spener immer an sozialen Fragen interessiert war. So ist ihm eine Frankfurter Armenordnung zu danken, durch die etwa anderthalb Millionen Menschen geholfen wurde. Vom brandenburgischen Kurfürsten Friedrich III. wurde er um ein Gutachten zur Armenpflege gebeten, das 1695 zur Gründung einer »Armenhauptkasse« in Berlin führte und 1702 zum Aufbau des »Großen Friedrichshospitals«, aus dem die heutige Charité hervorgegangen ist. Schon 1704 wurden in diesem Hause rund 2000 Menschen versorgt. Es soll dank Spener gelungen sein, die Bettelplage für mehrere Jahre völlig aus Berlin zu verbannen, das damals 50 000 Einwohner zählte – es hatte durch Zuzug und Eingemeindung der Vorstädte um 30000 Einwohner zugenommen. Spener warnte vor dem Almosengeben. Es sei vielmehr Pflicht der Obrigkeit, öffentliche Fürsorge zu üben durch Errichtung von Arbeitsplätzen für die Armen und von Häusern für Invaliden, Waisen und Witwen, deren Unterhalt ebenfalls aus öffentlichen Mitteln zu bestreiten sei. Er schreckte niemals vor Kritik zurück. Deshalb hatte er die Oberhofpredigerstelle in Dresden 1691 schon nach fünf Jahren wieder verlassen müssen, wegen der oben beschriebenen »Angst« seines Kurfürsten, und war von da an bis zu seinem Tode 1705 Propst zu St. Nikolai in Berlin.

## Der wahrhaftige Verführer

*Gottfried Arnold*

»Als die Verführer, und doch wahrhaftig!« Dieses Wort aus 2Kor 6,8 hat ein Mann zu seinem Leitspruch gemacht, der die Gemüter der »orthodoxen« Gläubigen innerhalb der evangelischen Kirche aufs heftigste erregte. Er hatte eine Kirchengeschichte geschrieben, die nicht dem Herkommen entsprach! Dieser Mann hieß Gottfried Arnold, geboren 1666 in Annaberg im Erzgebirge als Sohn eines Gymnasiallehrers, gestorben 1714 als Superintendent in Perleberg. Arnold hat mehrere Jahre aus innerster Überzeugung mit dem kirchlichen Dienst ausgesetzt. Nachdem er ein Jahr lang Professor in Gießen gewesen war, glaubte er sogar, als wahrer Christ könne man nur außerhalb der Kirche, strenggenommen nur für sich ganz allein existieren. Er besuchte darum keinen Gottesdienst und feierte das Abendmahl zu Hause für sich. »Gewißlich kann einer Seele kein größeres Jammerspiel vor Augen gelegt werden, als wenn sie die gemeinen hohen Schulen betrachtet!« Das war das Fazit seiner Lehrtätigkeit und der Grund seines Abschieds. Schon damals war die Entrüstung groß, vor allem in den strenggläubigen Kreisen der evangelischen Kirchen. Sie wurde noch größer, als 1699 und 1700 sein umfangreichstes Werk erschien, die »Unparteiische Kirchen- und Ketzerhistorie von Anfang des Neuen Testamentes bis 1688«. Fünf Punkte lagen ihm besonders am Herzen:

1. Wie Christus selbst, ist im Laufe der Kirchengeschichte mancher fromme und gläubige Mann unschuldig verketzert worden. Auch den Jüngern und Aposteln ist es schon so ergangen. Viele angebliche Ketzer sind in Wahrheit die wirklichen Nachfolger.

2. Sehr oft sind gerade die führenden Männer der Kirche diejenigen gewesen, die die wahren Christen verfolgt und Spannungen hervorgerufen haben.

3. Konzilien und Synoden der Kirchen sind sehr oft von zanksüchtigen Menschen veranstaltet worden, die Gottes Geist nicht besaßen.

4. Die Kirche unter dem Kreuz ist die wahre Kirche. Sie war nie auf seiten der Menge und der Verfolger, sondern immer auf seiten der kleinen Herde und der Verfolgten.

5. Die großen Kirchen sind eigentlich gegenchristliche Kirchen. Sie haben es nur mit den äußeren Dingen gehalten, zu denen auch die Sakramente und Zeremonien gehören, und sich damit in Wahrheit immer nur selbst erhalten.

Arnolds Kirchengeschichte war alles andere als »unparteiisch«. Sie war höchst parteiisch, denn sie nahm Partei für die Ketzer gegen die offiziellen Kirchen. Arnold besaß, was in der damaligen Zeit selten war, eine fundierte Kenntnis der Quellen, die ihm auch bei seinem ersten bedeutenden Werk zugute kam; es hieß »Die Erste Liebe, das ist wahre Abbildung der ersten Christen«. Sein Hauptgedanke: das Urchristentum ist das wahre Christentum gewesen, und seit der Zeit Konstantins kam es zu einem allmählichen Verfall.
Er wollte die Kirche seiner Zeit dem wahren Christentum zurückgewinnen. Nach der »Kirchengeschichte« hat er dasselbe noch einmal versucht in einer Schrift über das Mönchswesen, das in evangelischen Kreisen seit der Reformation ausschließlich als Ungehorsam und Abfall vom wirklichen Glauben galt. Trotzdem ist Arnold kein Außenseiter geblieben. Nach seiner Rückkehr in den kirchlichen Dienst, zunächst als Hofprediger der Herzoginwitwe von Sachsen-Eisenach in Allstedt und dann in seiner letzten Stelle in Perleberg, war er ein treuer Diener der Kirche. Allerdings ließ er sich niemals mit üblichen Maßstäben messen. Gerade in seinen mystischen Gedankengängen blieb er auch von seinen engsten Freunden unverstanden. Er hat zweiundfünfzig Bücher geschrieben und viele Kirchenlieder gedichtet. Sein Arbeitseifer und seine Leidenschaft haben ihn frühzeitig verbraucht, auch litt er an Skorbut und wurde zuletzt so schwach, daß während der Pre-

digt immer der Küster hinter ihm stehen mußte, um ihn aufzufangen, falls er vor Schwäche zusammenbrach. Als preußische Werber zu Pfingsten in den Gottesdienst eindrangen und versuchten, mehrere junge Männer gewaltsam mitzunehmen, versetzte ihm dies den Todesstoß. Drei Tage hat er, im Lehnstuhl sitzend, noch gelebt. Nur zum Gebet ließ er sich auf die Knie helfen, weil es ihm unwürdig erschien, im Sitzen zu beten. »Wie wohl, wie wohl, ach wie wohl ist mir«, sagte er, als es ans Sterben ging. »Siehst du nicht die Engel?« fragte er seine Frau. Und als sie ihn schon für tot hielt, richtete er sich plötzlich ohne fremde Hilfe auf und rief: »Frisch auf! Frisch auf! Die Wagen her und fort!« Er dachte wohl an den Wagen des Propheten Elia, der ihn in den Himmel bringen sollte.

## Gottes Wort um einen geringen Preis

*Carl Hildebrand von Canstein*

Heute ist es selbstverständlich geworden, daß jeder Christ eine Bibel besitzt, vielleicht sogar mehrere. Man kann sich kaum vorstellen, daß jemand nicht genug Geld besäße, um sich eine Bibel kaufen zu können.

Das war nicht immer so. Bücher waren nach der Erfindung der Druckerkunst teuer, ihr Besitz deshalb das Privileg weniger. Ganz sicher ist es aber eine entscheidende Hilfe für den Glauben des einzelnen, wenn er Gottes Wort nicht nur hören, sondern auch lesen kann, wenn er vielleicht sogar manches unterstreichen und manches am Rande anmerken kann. Deshalb ist es wichtig, daß jeder Christ seine eigene Bibel hat.

Dies begriff ein Mann, dem alles andere an der Wiege gesungen worden ist als dies, daß er einmal als bedeutender Verleger von Bibeln in die Geschichte eingehen würde. Sein Name ist Carl Hildebrand Freiherr von Canstein, er lebte von 1667 bis 1719. Während eines Kriegszuges in Flandern im Jahre 1689 wurde er schwer krank, und er gelobte, Gott ein Leben lang zu dienen, falls er wieder gesund würde. Zwar wollte er dieses Gelübde nach seiner Genesung sofort in die Tat umsetzen, aber zunächst im Rahmen der Laufbahn, die einem Freiherrn damals am nächsten lag, einer Laufbahn »bei Hofe«. Dort suchte er Interesse zu wecken für die Ideen August Hermann Franckes (1663–1727), des Hallenser Pfarrers und Erziehers. Außerdem unterstützte er Francke bei dessen Erziehungsarbeit finanziell. Beider Zusammenarbeit führte schließlich 1710 zu Cansteins eigentlicher Lebensaufgabe. Er erließ einen Aufruf unter der Überschrift »Ohnmaßgeblicher Vorschlag wie Gottes Wort den Armen zur Erbauung um einen geringen Preis in die Hände zu bringen sei«. Dieser Aufruf bezeichnete die Gründung der ersten deutschen Bibelgesellschaft, die sich später »Cansteinsche Bibelanstalt« nannte. Canstein ließ den Satz für den Druck stehen. Auf diese Weise machte er viele Auflagen von dem gleichen Satz möglich. Das verbilligte die Herstellung erheblich. Man konnte Neue Testamente für den Preis von zwei, ganze Bibeln für den Preis von neun Groschen verkaufen. Das war für viele Menschen erschwinglich. Bis zum Tode Cansteins 1719 wurden 100 000 Neue Testamente und 40 000 Bibeln abgesetzt, bis zum Ende des Jahrhunderts waren es drei Millionen Exemplare.

Die Nazis versuchten übrigens 1938, die Cansteinsche Bibelgesellschaft aufzulösen, und nur durch den Zusammenschluß mit der damaligen Preußischen Haupt-Bibelgesellschaft entging sie der Auflösung. Seit 1951 druckt und verkauft sie wieder selbständig Bibeln und Bibelteile. Vielleicht sollte jeder Christ sich im stillen bei dem Freiherrn bedanken, wenn er seine Bibel aufschlägt, denn ein wenig Anteil an seinem Glauben hat zweifellos auch der Herr von Canstein!

## Ein orthodoxer Pietist

*Valentin Ernst Löscher*

Drei Tage dauerten in Dresden 1730 die Feierlichkeiten zur 200. Wiederkehr der Verabschiedung der »Confessio Augustana«. Dieses Jubiläum hatte unter vielen anderen zwei Höhepunkte, die vermutlich einzigartig gewesen sind: Im Hauptgottesdienst wurde von der Gemeinde das ganze Augsburgische Bekenntnis in Versen gesungen, der Verfasser des Liedes war der Dresdner Superintendent Valentin Ernst Löscher. Er war es auch, der einen Tag später in einem Kindergottesdienst zwei Stunden lang 500 Kinder über das Augsburgische Bekenntnis prüfte – dafür bekam jedes Kind am Schluß des Gottesdienstes einen Groschen. Zwei der vielen besonderen Begabungen, die den Dresdner Pfarrer auszeichneten! So erinnern sich viele dankbar an ihn, aus ganz verschiedenen Gründen.

Er war ein handfester Wittenberger Lutheraner, der sein Leben lang um die Reinheit der lutherischen Rechtfertigungslehre stritt, auf der Kanzel und mit der Feder. Er hat diesen Glauben vor allem dem Halleschen Pietismus gegenüber in Schutz genommen und verteidigt und sich mit August Hermann Francke, mehr noch mit Professor Joachim Lange auseinandergesetzt. Vor allem mahnte er immer wieder zur Treue gegenüber der verfaßten Kirche und warnte vor dem »Separatismus«, vor dem Rückzug der Pietisten in kleine, von der Kirche innerlich losgelöste Konventikel, in »kleine Kirchen«, wie Löscher sagte. Einen wichtigen Platz in diesen Auseinandersetzungen nahm die erste theologische Zeitschrift ein, von Löscher begründet. Sie nannte sich »Unschuldige Nachrichten von alten und neuen theologischen Sachen«. Die Lage zwischen Pietismus und lutherischer Orthodoxie war so gespannt, daß für den sonst gar nicht ängstlichen Löscher bei einem Aufenthalt in Berlin Spener der einzige »berühmte Mann«

blieb, den er nicht besuchte, aus Angst vor den Wittenberger Orthodoxen.

Auf der anderen Seite hat gerade Löscher viel zur Versöhnung zwischen den Lagern beigetragen. 1703 schreibt er ein Buch, dem er in Anlehnung an Speners »Pia desideria« den Titel gibt »Pia desideria der antipietistischen Theologie« und versucht, Speners Anliegen für das Luthertum fruchtbar zu machen. Das brachte ihm den Namen eines »orthodoxen Pietisten« ein. 1718 schreibt er: »Wir sind ja einig in dem Zwecke, das Herz, den Wandel zu bessern und das rechtschaffene Wesen zu fördern. Geht es denn nicht auch in den Mitteln?« Und 1730 schickt er seinen Sohn zur Ausbildung nach Halle. Gotthilf August Francke, der Sohn August Hermann Franckes, reagiert sehr freundlich: »... ich mache mir eine besondere Freude, bei dieser Gelegenheit meine Hochachtung vor Ihro gelehrte Person als einen um die Kirche Christi hochverdienten Theologen zu erweisen ...« Und als Löscher 1736 mit einer Kommission die Rechtgläubigkeit der Herrnhuter Brüdergemeine überprüfen soll, sagte er zum Abschluß – wie berichtet wird »mit nassen Augen« –: »Ihr Brüder und Schwestern, mit Angst habe ich die Kommission angetreten, als Bote des Friedens bin ich gekommen. Nun danke ich Gott um euretwillen. Ihr seid eine gottesfürchtige Gemeinde. Ihr habt eben die reine Lehre, die wir haben, nur eure Verfassung haben wir nicht.«

120 Kirchenlieder hat er geschrieben, u. a. »Ich grüße dich am Kreuzesstamm« (EKG 70). Auch »Wir sind dein, Herr, laß uns immer unter deinen Flügeln ruhn!« haben wir inzwischen wiederentdeckt und im lutherischen Anhang unseres Gesangbuchs aufgenommen.

Ein ganz anderer Zug seines Wesens wurde sichtbar, als er 1726 eine große erregte Menge durch seine Rede auf dem Dresdner Altmarkt zur Ruhe brachte. Nachdem ein Katholik den Pfarrer an der Kreuzkirche, Hermann Joachim Hahn, ermordet hatte, fürchteten die Behörden Aus-

schreitungen gegen die Katholiken. Solche Ausschreitungen lagen mehrmals in der Luft, seitdem August der Starke katholisch geworden war und auch den Übertritt des Kronprinzen erzwungen hatte.
Vielleicht aber erinnern wir uns in der Gegenwart am stärksten an Löscher als einen Kirchenreformer. In seiner Zeitschrift legte er ein umfangreiches Programm vor, das eigentlich kaum etwas von seiner Aktualität eingebüßt hat, auch wenn Löscher selbst noch wenig davon hat in die Praxis umsetzen können. »Es ist unleugbar, geliebte Mitbrüder, daß unter uns, die wir verordnet sind zum Dienste der Kirche und zur Heilung der Gewissen, viele ihrem Beruf Genüge getan zu haben meinen, wenn sie nur regelmäßig die Predigten vor der Gemeinde halten und häufig die Sakramente verwalten! Wollen wir doch ja nicht vergessen, daß uns die Herzen und nicht die Ohren anvertraut sind und daß eine solche Vernachlässigung ewiges Verderben nach sich zieht.« Zu seinen Vorschlägen gehören: regelmäßige Predigerversammlungen (wir finden das heute in den Pfarrkonventen verwirklicht), die Belebung der Kirchenzucht, die Einzelseelsorge (man hatte damals noch keine Pfarrbezirke und insofern auch keine »amtlich« geregelte Seelsorge), die theologische Ausbildung (die »Professoren sollen daran denken, daß sie nicht Gelehrte, sondern Pfarrer ausbilden«), die Wiedereinführung der Kirchenvisitationen und vor allem die »Erneuerung der altkirchlichen Diakonie«, das heißt, die Forderung nach einer »inneren Mission«, ohne daß dieser Begriff damals schon verwendet worden wäre. Zu Recht steht in dem Zeugnis, das ihm das Oberkonsistorium nach dem üblichen Kolloquium für Superintendenten vor deren Amtsantritt ausgestellt hat: »Hat sowohl in der Predigt als auch im Kolloquium eine vorzügliche Geschicklichkeit bewiesen, so daß an ihm gar nichts auszusetzen ist.«

## Phantasie der Liebe
*August Hermann Francke*

Stellen Sie sich bitte folgendes vor: Ein Rat der Stadt oder ein Rat des Kreises oder auch ein Gesundheitsministerium plant den Bau eines Heimes für Kinder ohne Eltern. Es muß 2500 Plätze haben, es muß eine eigene Schule beherbergen, selbstverständlich mit einem eigenen Lehrkörper, und es muß über eine Küche verfügen, die nicht nur sämtliche Heimbewohner versorgt, sondern dazu jeden Tag 400 armen Studenten zu einer kostenlosen Mittagsmahlzeit verhilft. Bis zur Aufnahme des vollen Betriebes sind 23 Jahre vorgesehen, dann muß diese Einrichtung selbständig »laufen«.
Wieviel Geld brauchte man für ein solches Unternehmen? Ich will es Ihnen sagen: vier Thaler und sechzehn Groschen! Soviel enthielt eine Sammelbüchse für arme Leute, die der Professor und Pastor August Hermann Francke in seinem Studierzimmer in Halle ein Vierteljahr lang hängen hatte. Mit diesem Grundkapital gründete er Ostern 1695 eine Armenschule, die er 1698 zu einem Waisenhaus erweiterte. In seinem Todesjahr 1721 hatte das Haus 2500 Bewohner und speiste täglich 400 Studenten. In 2Kor 9,8 hatte Francke seine Gebrauchsanweisung gefunden und seinen Mut zu einem solchen Unternehmen, denn – so Francke in einer Schrift, in der er dieses Unternehmen später beschrieb – »die Hand des Herrn pflegt alles, was im Glauben geschieht, in der Schwachheit anzufangen und in Kraft zu vollenden«. Das ganze Werk wurde ausschließlich von Spenden getragen und arbeitete ohne jegliche Zuschüsse.
Zweifellos war die Zeit reif für das, was wir heute »Anstaltsdiakonie« nennen, aber ebenso zweifellos benutzte Gott diesen besonders begabten Mann, um die reifen Früchte zu pflücken. Was machte August Hermann Francke für eine solche Aufgabe besonders geeignet?

Zuerst muß man seine Frömmigkeit nennen. Er hält sich erst vom 24. Lebensjahr an für einen bekehrten Mann. Bei der Vorbereitung einer Predigt im Oktober 1687 über das Wort: »Diese (nämlich die Geschichten des Johannesevangeliums) sind geschrieben, damit ihr glaubt, daß Jesus der Christus ist, der Sohn Gottes, und damit ihr durch den Glauben das Leben habt in seinem Namen« (Joh 20,31) erlebt er die Nähe Gottes so stark, daß er später schreiben kann: »... mir war zumut, als wenn ich tot gewesen wäre, ich war lebendig geworden.« Von da an sucht er nach Wegen, wie er mit dem Wort Gottes »Lebenshilfe« leisten kann, jedenfalls würden wir es heute so nennen. Dabei hat er besonders die Armen und die Kinder im Blick, und er meint, daß praktische Hilfe ohne Unterweisung im Glauben ebenso wertlos sei wie eine Unterweisung im Glauben ohne praktische Hilfe. In seinem Pfarrhaus in Glaucha, das später Ortsteil von Halle und als Sitz der Franckeschen Stiftungen weltberühmt werden wird, sieht er, wie jeden Donnerstag die Armen an die Türen der Häuser klopfen um ein Essen oder Almosen. Das war so üblich, und sie klopften auch an seine Tür. Da bittet er sie herein und hält ihnen vor dem Essen eine Andacht von einer Viertelstunde. Damit nimmt er modellhaft sein künftiges Erziehungswerk vorweg: Unterricht im Wort Gottes und in lebenspraktischen Dingen. Beides durchzieht alle Zweige seiner Arbeit, die er im Jahre 1711 in einem Brief aufzählt: das Waisenhaus mit 100 Jungen und 30 Mädchen, die Schule des Waisenhauses mit 80 Lehrern und 1333 Schülern, das »Pädagogium« für »Bemittelte« mit 20 Lehrern und 70 Schülern, das Lehrerseminar, die »weibliche Anstalt« für erwachsene und noch nicht erwachsene Frauen wie auch für Witwen, und dazu die Ideen einer Anstalt für »kranke und schwache Personen«, eines »Arbeitshauses«, eines »Collegiums orientale« (zur Erlernung orientalischer Sprachen) und eines »Seminariums nationum« (für Kinder fremder Völker).

In dieser Liste fehlen zwei spätere Werke, die in besonderer Weise der Mission gedient haben: die Cansteinsche Bibelanstalt, die billige Bibeln herstellt (vgl. das Kapitel »Gottes Wort um einen geringen Preis«), und die Aussendung der ersten Missionare Plütschau und Ziegenbalg nach Südindien. Francke war offenbar kein einfacher Mann. Er fürchtete sich vor niemandem. »Was der Hof vertragen kann oder nicht, dient nicht zu meinem Reglement noch wird sich ein wahrer Knecht Gottes danach richten«, schrieb er. Auf sein Drängen mußte Friedrich Wilhelm I. den bekannten Philosophen Christian Wolff aus Halle abberufen, damit die Ideen der Aufklärung, die Francke für schädlich hielt, niemanden »verführen« konnten. Und in den »30 Regeln zur Bewahrung des Gewissens und guter Ordnung in der Conversation der Gesellschaft« warnt er vor den Gefahren des Lachens, soweit es nicht Ausdruck der Freude über »göttliche Dinge« ist. Zeit seines Lebens hatte er, allerdings nicht nur durch seine Schuld, heftige Auseinandersetzungen mit Theologen der lutherischen Orthodoxie. Aber das zählt nicht angesichts der Tatsache, daß viele Waisenkinder in der ganzen Welt dem Werk und den Ideen Franckes ein geborgenes und sinnvolles Leben verdanken.

## Wiederentdeckung der Dienste

*Nikolaus Ludwig Graf von Zinzendorf*

Als am Freitag, dem 2. Februar 1725 nachmittags, Pfarrer Rothe aus Berthelsdorf seine Betstunde in der »Republik Gottes zu Herrnhut« hielt (so nannte Zinzendorf die Brüdergemeine), bat er, nach einer offenbar vorbereiteten Liste, verschiedene Brüder und Schwestern, noch ein wenig dazubleiben. In der folgenden vierstündigen Gebetsversammlung wurde der Grundstein gelegt für die Form

Herrnhutischer Arbeit, die bahnbrechend war, nicht nur für die Brüdergemeine, sondern auch für manche Entwicklung in der Ökumene. Pfarrer Rothe hatte beschlossen, die Dienstordnung des Neuen Testaments zu neuem Leben zu erwecken. Biblische Grundlage waren für ihn die verschiedenen Dienste, die in Röm 12,7 und 8 aufgezählt werden. Dort heißt es im Luthertext: »Hat jemand Weissagung, so sei sie dem Glauben gemäß. Hat jemand ein Amt, so warte er des Amtes. Lehrt jemand, so warte er der Lehre. Ermahnt jemand, so warte er des Ermahnens. Gibt jemand, so gebe er mit lauterem Sinn. Regiert jemand, so sei er sorgfältig. Übt jemand Barmherzigkeit, so tue er's mit Lust.« In der Handschrift des Grafen Zinzendorf lautet die Übersetzung dieser Verse für die Herrnhuter Gemeine so: »Gehülffen am Werck des Herrn: 1. Im Weissagen; 2. eis to diakonein (griech.: »Im Dienen«); 3. In der Lehre; 4. Im Ermahnen; 5. Im Austheilen und Fürsorgen; 6. Im Fürstehen und achtgeben; 7. Im Ausüben allerl. Liebes Wercke, sonderl. der beschwerl. und gehäßigen.« Zinzendorf hatte eine Liste mit Namen beigefügt und beides offenbar mit Pfarrer Rothe zusammen verfaßt. Er selbst war an dem Tag allerdings verreist. Wahrscheinlich stammt aber die ganze Idee eher von Pfarrer Rothe als von Zinzendorf.

Es wurde nun über jeden einzelnen von den Anwesenden ausführlich gesprochen. Der Betreffende, Pfarrer Rothe eingeschlossen, mußte währenddessen das Zimmer verlassen. Anschließend wurden die Versammelten nochmals nach ihrem Einverständnis gefragt, und sie antworteten: »Durch die Kraft des Herrn Jesu wollen wir es anfangen.« Das Los bestimmte jeden zu einem Dienst, dann beteten sie gemeinsam und wurden durch Handauflegung in ihre neue Aufgabe eingeführt.

Im Lauf der Zeit stellte sich heraus, daß diese neutestamentlichen Weisungen so wörtlich nur schwer befolgt werden konnten. Der Weissagende zum Beispiel war nicht etwa der Prophet der Gemeinde, sondern mehr ihr Seelsorger oder ihre Seelsorgerin, denn alle Dienste wurden sowohl für Männer als auch für Frauen eingerichtet, getreu der in Herrnhut üblichen strengen Trennung der Geschlechter. Das »Dienen« fiel zusammen mit dem »Austeilen und Fürsorgen«, die »Liebeswerke« wurden zur Krankenpflege. Deshalb hat die Bezeichnung der Dienste oft gewechselt. Es sind neue Dienste hinzugekommen und alte gestrichen worden. Für Zinzendorf finden sich im Lauf der Jahre allein sieben verschiedene Titel, nämlich »Vorsteher«, »Helfer«, »Aufseher«, »Bischof«, »Jünger«, »Papa« und »Ordinarius«.

Erst auf diese Weise wurde die Wiedereinführung der Dienste zu einer echten Auslegung des Neuen Testaments. Denn die Ämterliste aus Röm 12 will ja nicht etwa darlegen, welche Ämter jede biblische Gemeinde unbedingt haben müßte, sondern welche Ämter in der Gemeinde zu Rom tatsächlich ausgeübt wurden, und das heißt: gebraucht wurden und als Begabung einzelner Gemeindeglieder vorhanden waren. In Korinth (siehe 1Kor 12) und in Ephesus (siehe Eph 4) sahen diese Listen anders aus, und in Herrnhut mußten sie natürlich auch anders aussehen, denn inzwischen waren 1700 Jahre vergangen, und die Welt hatte sich geändert. So wurden auch die weltlichen Dienste, die in einer solchen Ansiedlung nötig waren, in gleicher Verantwortung und in ähnlicher Weise besetzt. Wir wissen aus dem Jahre 1728, daß es einen »Taxmeister« gab (der sich um den Verkauf der Leinewand und um Geschäfte zu kümmern hatte), zwei »Handwercksmeister« (die die Aufsicht über das gesamte Handwerk führten), einen »Straßenvogt«, einen »Brunnenvogt«, einen »Hausvogt« (für den Hausbau verantwortlich, eine Art »Bauaufsichtsbehörde«) und einen »Feld-Inspector«. Diese Dienste gab es natürlich in allen Dörfern, aber Zinzendorf schrieb darüber: »Es ist hierbei nur diese Differenz, daß, weil in Herrnhut alles christlich, einfältig und herzlich zugeht, dergleichen Leute keinen Namen und Salaria (Gehalt), weniger gerichtliche Vollmachten und dergleichen haben, sondern nur nach Befinden ihrer Gabe dazu ausgesucht, erbeten und, nach ihrem Gewissen dabei zu handeln erinnert werden . . .« Auch Pfarrer Rothe ordnete sich als »Ältester« in diese Dienste ein und schuf damit ein Bild der Gemeinde und des Pfarramts, das in unseren evangelischen Gemeinden weithin noch Wunschbild ist.

## Missionarische Kraft durch Ohnmacht

*Leonhard Dober und David Nitschmann*

Was einer wirklichen Mission der Kirchen im 18. Jahrhundert vor allem im Wege stand, war ihre Verbindung mit weltlicher Macht. Im »Geleitschutz« der Kolonialisierung asiatischer, afrikanischer und amerikanischer Länder durch die Großmächte betraten Missionare fremden Boden und waren für die Eingeborenen nicht von denjenigen zu unterscheiden, die ihnen ihre Freiheit und ihren Besitz nahmen. Sogar Ziegenbalg und Plütschau betraten 1706 die Reede von Tranquebar als »königlich dänische Missionare«, auch wenn ihnen dieser Titel kaum etwas bedeutete.

Der Weg der Ohnmacht aber, der die Mährischen Brüder nach Herrnhut und von dort in viele Städte Europas gebracht hatte, führte sie zu dieser Zeit auch nach Übersee. Ein Kammermohr des dänischen Königs mit Namen Antonius hatte dem Reisebegleiter des Grafen Zinzendorf, dem Zimmermann David Nitschmann, von den Leiden seiner Stammesgenossen in seiner Heimat erzählt, der westindischen Insel St. Thomas. Dort hatten die christlichen Eroberer die Urbevölkerung fast ausgerottet. Dafür mußten schwarze Sklaven aus Afrika auf den Plantagen der Weißen arbeiten. Zinzendorf berichtete seiner Gemeine am 23. Juli 1731 in der abendlichen Gebetstunde von den Leiden der Schwarzen auf St. Thomas. Am nächsten Tag meldeten sich zwei Herrnhuter Brüder für die Mission in Westindien, aber die Gemeine ließ sie trotz ihres Drängens ein ganzes Jahr warten. Sie wollte die beiden vor einem zu schnellen Entschluß bewahren und ließ sich 1732 die Abordnung Leonhard Dobers durch das Los bestätigen. Der zweite Bruder, Tobias Leupold, der inzwischen geheiratet hatte, mußte vorläufig zu Hause bleiben. Dober bekam den erfahrenen David Nitschmann als Reisegefährten mit. Er hatte schon die nötigen Verbindungen in Dänemark und sollte später heimkehren und der Gemeine berichten. Leonhard Dober wollte urspünglich selbst Sklave werden, um den Schwarzen recht nahe zu sein. Das scheiterte am Widerstand der weißen Besitzer. Er bekam ein Aufseheramt, das ihn aber automatisch mit der herrschenden Schicht verband. Deshalb verdiente er lieber mit seinem Handwerk als Töpfer Geld. Zinzendorf mahnte: »Laß dich so lange allenthalben zur leiblichen Arbeit brauchen, bis du dadurch Liebe und Eingang in die Herzen kriegst!« Dober wurde 1755 zum Ältesten in Herrnhut gewählt, und die Arbeit auf der Insel lag brach, bis anderthalb Jahre nach Dobers Abschied Friedrich Martin ausreiste und in einem halben Jahr 200 Menschen um sich sammelte, unter dem Spott und der Feindschaft der weißen Pflanzer. Sie fürchteten das wachsende Selbstbewußtsein der schwarzen Christen und ihre zunehmende Bildung. Die schwarzen Frauen ließen sich nicht länger von weißen Männern mißbrauchen. Zinzendorf mußte auf einer Besuchsreise 1739 Friedrich Martin und seine beiden Mitarbeiter aus dem Gefängnis befreien, wo der Gouverneur sie festhielt, um ihre Ausweisung zu erwirken. Als Zinzendorf einen Einheimischen fragte, was denn die Schwarzen inzwischen anfingen, antwortete der: »Oh, sie schreiten im Guten fort, das Gefängnis der Lehrer predigt auch!«

Zu dieser Zeit gehörten zur Gemeinde schon 670 Glieder von fünfzig verschiedenen Plantagen. Zinzendorf erzählte in Herrnhut: »St. Thomas ist ein viel größeres Wunder als Herrnhut!« Da die Herrnhuter nicht in der Lage waren, den einheimischen Schwarzen offiziell größere Rechte zu verschaffen, sie auch nicht aus der Sklaverei befreien konnten, bemühten sie sich, schwarze Frauen loszukaufen, um sie vor Vergewaltigung zu schützen und ihnen eine legale Ehe zu ermöglichen. Sklaven durften nicht kirchlich getraut werden und keinen Unterricht erhalten. Eine besondere »Kindergemeinde« vermittelte den Kindern eine umfassende Bildung. Schwarzen, die nach ihrem Brauch mit mehreren Frauen verheiratet waren, gestattete man – anders als die Missionsgesellschaften im 19. Jahrhundert – die Weiterführung ihrer Ehe. Man war überhaupt vorsichtig mit der Einführung der Einehe. Man wollte das fehlende Verständnis nicht einfach überspielen, sondern suchte ihm mit Liebe und Geduld zu begegnen.
So haben die Herrnhuter Missionare das Evangelium nie losgelöst gesehen von der sozialen Lage der Angesprochenen; sie hielten es für zwecklos zu predigen, ohne die Nächstenliebe auch »handgreiflich« spürbar werden zu lassen. Obwohl es sechs Jahre dauerte bis zur ersten Taufe, obwohl nach einer Unterbrechung der Arbeit auf den westindischen Inseln (es waren noch St. John und St. Croix dazugekommen) von neunundzwanzig Mitarbeitern nur noch acht lebten – das ungewohnte Klima hatte manche Opfer gefordert –, konnte der Graf 1737 in einem seiner Lieder schreiben: »Hier hast du uns alle zu deinen Befehlen; je mehr du befiehlst, je mehr Siege wir zählen! Denn deine Gebot sind so viele Versprechen, durch alle Verhaue uns Bahnen zu brechen!«

# Ein fröhliches Bethlehem

Sollte jemand Gelegenheit haben, die Stadt Bethlehem im nordamerikanischen Bundesstaat Pennsylvania kennenzulernen, dann wird er dort außer dem Namen kaum etwas finden, was an die Geburt Jesu und die Geschichte erinnert, die von dieser Geburt ihren Ausgang nahm. Und doch begann diese Stadt als eines der überzeugendsten Beispiele christlicher Mission. Eine Rolle spielte dabei der später berühmt gewordene Nachfolger Zinzendorfs, August Gottlieb Spangenberg. Als junger Student hatte er während des Studiums in Jena seine Bekehrung erlebt in der »Ekklesiola«, einer Art Studentengemeinde der Herrnhuter. Nach kurzer Tätigkeit in Halle stellte er sein Leben ganz in den Dienst der Brüder und ihrer Ideen.

Er ging 1735 nach Nordamerika, zunächst, um sich (wie in Herrnhut Zinzendorf selbst) der in Europa schwer bedrängten und verfolgten »Schwenckfelder« anzunehmen, eine spiritistisch und mystisch ausgerichtete Gruppe von Christen, die die offizielle Kirche ablehnten. Ihr Begründer war Caspar Schwenckfeld, ein Zeitgenosse und zeitweise auch Anhänger Luthers. Im 18. Jahrhundert lebte die Verfolgung durch Kaiser Karl VI. wieder auf, der eigens zwei Jesuiten anstellte, um mit dieser »Sekte« endgültig »Schluß zu machen«. 208 Mitglieder wanderten daraufhin nach Amerika aus, und Spangenberg half ihnen, sich eine neue Existenz aufzubauen. Zur gleichen Zeit gründete er eine der ersten Siedlungen der Brüdergemeine in Pennsylvania, das auch den Schwenckfeldern als Zufluchtsort diente, und nannte sie »Bethlehem«. Man hat sie oft als »kommunistische herrnhutische Siedlung« bezeichnet, obwohl die Wirtschaftsform nur die zweckmäßige Basis dessen war, was die »Moravians«, die »Mährischen«, wie sie sich in Amerika nannten, als ihre Aufgabe ansahen: Mission unter den Indianern und den eingewanderten Deutschen. Ein Drittel der Einwohner war immer unterwegs im Missionsdienst, während der in Bethlehem verbleibende Stamm der Gruppe das nötige Geld verdienen mußte.

»Unser Ehevolk wohnte noch so, als wenn's auf der Reise wäre, die Männer für sich, die Frauen für sich, die Kinder für sich, nicht, als wenn wir das am liebsten hätten, sondern unsere Armut ist's, daß wir's nicht dahin bringen können, so viel zu bauen, daß ein jedes Ehepaar ein Stöckchen kriege.« So steht es in einer zeitgenössischen Nachricht. Natürlich wurde auch gemeinsam gegessen. Aber trotz der geschilderten Armut soll es sich um eine ausgesprochen fröhliche Gemeinde gehandelt haben, die viel Musik gemacht hat. »Und dieses, förmlich über Nacht entstandene, maßlos arbeitende, singende, musizierende Gemeindewesen, mit seiner peinlichen Wirtschaftlichkeit und mit seinem überströmenden Frohsinn, mit seinen Manufakturen und seinen Liebesmählern, mit seinen wogenden Kornfeldern, seinen stolzen Viehherden, mit seinem aufblühenden Handel, wie mit seinen Chorhäusern und Kinderanstalten, seinen Schulen und Missionsunternehmungen: das ist Bethlehem!« So schreibt ein Biograph dieser Stadt. Sie hat den Vereinigten Staaten die ersten Orgelbauer vermittelt, und ein rundes Jahrhundert vor der Gründung der Posaunenmission in Europa haben hier Posaunenchöre ihre Lieder und Choräle geblasen.

## Festpreise für den Herrn Jesus

*Abraham Dürninger*

Abraham Dürninger hieß der Kaufmann, den Graf von Zinzendorf 1744 nach Herrnhag in der Wetterau holte, seinen Verbannungsort. Drei Jahre später siedelte er auf Wunsch des Grafen nach Herrnhut über, um den kleinen Kramladen der Gemeine zu übernehmen, in dem es Zucker und Essig, Badeschwämme und Buntpapier, Graupen, Mützen und Handschuhe gab und manches andere. Niemand ahnte, daß aus diesem winzigen Geschäft in wenigen Jahren die Weltfirma »Abraham Dürninger und Kompagnie« werden sollte, die zum größeren Teil der Brüdergemeine gehörte, aber nach den Vorstellungen und der Frömmigkeit Dürningers dem Herrn Christus selber. Dürninger stammte aus einer reichen Straßburger Kaufmannsfamilie. Er lernte in verschiedenen großen Firmen, weil er die Laufbahn eines Kaufherrn einschlagen sollte. Aber er wollte nicht, obwohl er an seinem Beruf hing und für diesen Beruf zweifellos besondere Gaben hatte. Er wollte sein Leben Christus zur Verfügung stellen und meinte, dies sei besonders schwer in einem Beruf wie dem seinen. Nach dem Scheitern verschiedener Pläne zog er nach Herrnhag, was ihm nicht nur ein hartes und unfreundliches Gespräch mit seinem Straßburger lutherischen Pfarrer einbrachte, sondern auch noch dessen offenen Angriff von der Kanzel herab.

Es gelang Dürninger nicht nur, den Herrnhuter Laden schuldenfrei zu machen. Er erweiterte ihn beträchtlich und fügte ihm andere Wirtschaftsunternehmen hinzu. 1749 richtete er ein Gesuch an die Ältestenkonferenz: »Es wird denen Brüdern vor dem Heiland zu prüfen und zu überlegen angetragen, ob der Laden sich nicht solle in eine Versendung weißgarnierter Leinwand nach England zu einer Probe einlassen.« Aus dieser »Probe« wurde das größte Leinwandgeschäft der Oberlausitz, das nicht nur mit dem Umfang seiner Lieferungen, sondern auch mit der Anzahl der erreichten Länder die älteren Geschäfte der umliegenden Städte Zittau, Görlitz und Löbau überflügelte. 1751 versandte Dürninger seine Ware nach England, Holland, der Schweiz, Italien, Spanien und Nordamerika. Viele Weber in der Oberlausitz arbeiteten für Dürninger. Sie arbeiteten gern für ihn. Er gab ihnen Arbeit und Brot, und er führte als erster deutscher Betrieb Festpreise für seine Waren ein, die das Risiko vom Hersteller auf den Händler verlagerten. Allerdings war Dürninger bei der Abnahme der Leinwand sehr streng. Das trug bei seinen Kunden wiederum den Ruf absoluter Zuverlässigkeit ein. Eine Lieferung schlechter Ware hätte er als Betrug an Jesus empfunden. Er machte dabei keinen Unterschied zwischen Webern, die selbst Brüder waren, und anderen, so daß es mehrmals zu Beschwerden beim Ältestenrat und beim Grafen kam. Aber Dürninger setzte sich mit seiner Auffassung durch. Er baute eine eigene Bleiche in Herrnhut und eine Zitz- und Kattunfabrik (»Zitze« wurde damals die bedruckte Leinwand genannt). Dazu gesellte sich eine Siegellackfabrik und schließlich ein Artikel, der dem Namen Dürninger Weltgeltung verschaffte und der noch heut bei Rauchern sehr beliebt ist: er versandte Zigarren und stellte sie später selbst her, zusammen mit damals so beliebten Schnupftabaken. Dabei gibt es heute noch Brüdergemeinen, die das Rauchen mit dem Glauben für unvereinbar halten! Aber sicher ist das Evangelium nicht gegen Zigarren, die aus wirklich gutem Tabak bestehen und mit denen der Hersteller nicht auf billige Weise versucht, seine Kunden übers Ohr zu hauen, sondern auch da noch zuerst an den Herrn Christus denkt!

## Von der Bibel zur Fibel

*Friedrich Eberhard von Rochow*

Es mag auch heute noch Christen geben, die sehnsüchtig an Zeiten zurückdenken, in denen Bibel und Katechismus den einzigen Lesestoff in der Schule bildeten. »Dann wäre es um den Glauben besser bestellt«, meinen sie. Irrtum! Es war gerade ein Christ, der es mit seinem Glauben sehr ernst nahm und der um des Glaubens willen erkannte: Bibel und Katechismus genügen nicht für die Lebenserziehung junger Christen. Eine Volksbildung, die sich im 18. Jahrhundert im Unterricht noch immer allein auf diese beiden Bücher stützte, konnte keine gute Schule sein. Sie übte nur das Gedächtnis, nicht den Verstand. Ein Christ aber muß denken können – und deshalb braucht er gute Schulen und gute Lehrer.

Der das erkannte, gehörte einem Stand an, dem man solche Erkenntnis aus heutiger Sicht und aus bitteren Erfahrungen nicht ohne weiteres zutraut: er war Adliger und preußischer Gutsherr auf Gut Reckahn bei Brandenburg. Der Glaube hatte ihn zu einem »Philanthropinisten« gemacht, zu einem Menschenfreund. Im Bereich seiner Herrschaft gab es nicht nur eine geregelte Armenfürsorge und Armenkasse, auch die Gespanndienste für den Gutsherrn waren abgeschafft – und es gab eine hervorragende Schule, in der die modernen Erziehungsmethoden des Philanthropinismus eingeführt worden waren, die Sokratik, mit der man zur Förderung des schöpferischen Denkens neue Gedanken im Gespräch entwickelt, und ein kindgemäßer und lebenspraktischer Unterricht. Die Schule zu Reckahn wurde zu einer Musteranstalt und zu einem »pädagogischen Wallfahrtsort«, und den märkischen Gutsherrn Friedrich Eberhard von Rochow nannte man den »Pestalozzi der Mark«.

Obwohl Rochow von Hause aus kein Pädagoge war, schrieb er das erste Lesebuch für die Volksschulen seines Gutsbezirks, den »Bauernfreund«, das erste Schullesebuch überhaupt, dem 1776 mit dem »Kinderfreund« ein Schulbuch folgte, das in vielen Gegenden eingeführt und bis 1850 im Unterricht verwendet wurde. Es kostete bei seinem Erscheinen ganze zwei Groschen und war für jedermann erschwinglich, denn ein Maurer verdiente damals zum Beispiel neun Groschen am Tag. Seine 79 Lesestücke beschrieben Szenen aus dem Alltag, der den Kindern vertraut war, aus dem Landleben, aus der Natur, aus dem kirchlichen Leben, sie berichteten von Tieren und Pflanzen, aber auch z. B. von dem, was man heute als »Freizeitgestaltung« bezeichnen würde. Die Geschichten hatten in der Regel eine moralische Spitze, sie sollten die Kinder zur »christlichen Tugend« führen, zur Bewährung ihres Glaubens im Alltag. »Nach der neuen Lehrart sieht man wohl, daß des Menschen Weg zum Himmel über diese Erde führt«, sagte Rochow. Das wissen noch immer nicht alle Christen.

## Jesus Christus und die Sächsische Schweiz

*Wilhelm Leberecht Götzinger*

Wenn ein Pfarrer außer Predigtbänden zwei Bücher schreibt, die ein bisher unentdecktes Gebiet nicht nur der Forschung, sondern der Erholung und dem Tourismus erschließen, dann könnte man das für ein lohnenswertes Hobby halten, das mit dem Pfarrerberuf nichts zu tun hat. Früher haben Pfarrer Bienen gezüchtet, jetzt sammeln vielleicht manche von ihnen Briefmarken, andere fotografieren fast professionell, andere wieder spielen Fußball in einer Mannschaft oder klettern auf steile Felsen. So wird auch in vielen offiziellen Würdigungen Wilhelm Leberecht Götzingers (1758–1818) zwar erwähnt, daß er von Beruf Pfarrer war, aber sonst werden keine Parallelen gezogen. Evangelium und Sächsische Schweiz – das hat doch wohl nichts miteinander zu tun.

Es hat etwas miteinander zu tun! Götzinger konnte die Sächsische Schweiz nur entdecken, weil er ganz besondere Augen hatte oder vielmehr einen besonderen Blick, den Blick Jesu Christi. Das wurde schon während seines Studiums in Wittenberg deutlich, denn auch Wittenberg gefiel ihm, obwohl die Umgebung Wittenbergs vermutlich keinen Vergleich mit der Sächsischen Schweiz aushält. Aber das sagen wir heute. Damals kannte die Sächsische

Schweiz noch keine gepflegten Wanderwege, keine gesicherten Aussichtspunkte, die man bequem ersteigen und von denen aus man einen herrlichen Blick genießen kann. Sächsische Schweiz, das war Urwald, Finsternis, Unwirtlichkeit – aber Götzinger hatte den Blick für die verborgene Schönheit, mehr noch: er konnte diesen Blick anderen, Zeitgenossen und späteren Generationen, vermitteln, bis heute. Götzinger wanderte nicht durch Europa (wie manche bekannten Männer zu seiner Zeit), um das Schöne zu finden, sondern er fand das Schöne dort, wo er lebte. Und er fand es, weil er von der Überzeugung ausging, daß Gott die Welt schön und zum Nutzen von uns Menschen erschaffen hat – also mußte sie überall schön sein. Obwohl Götzingers Beschreibungen der Sächsischen Schweiz und des Amtes Hohnstein überhaupt keine frommen, sondern wissenschaftliche Bücher sind, schimmert der Ursprung von Götzingers Blick immer wieder durch. So schreibt er beim Anblick von Bad Schandau (damals noch kein »Bad«): »Das Sanfte und Erhabene, welches sich im schönsten Verein hier überall aufdringt, beleben das Herz zu hohen Gefühlen gegen den, der diesen schönen Garten der Natur anlegte.« Und angesichts von Rathen sagt er, wie Petrus im Neuen Testament: »Hier laßt uns Hütten bauen!« Das Prebischtor verleitet ihn zu dem Ausruf: »Allein groß ist Gott! Erkenne dich und ihn! Staune und bete an!«, und der Zschirnstein zu: »Niederfallen und anbeten – das nur ist hier die Stimmung jeder reinen Seele!« Er kann als Ergebnis aller seiner Forschungen eine erstaunliche Summe ziehen: »Nie wird der Geist sich von diesen Schönheiten in die Schönheiten der besseren Welt froher denken, als wenn er mit inniger reiner Freude gewahr wird, daß sein jetziger Aufenthalt bei aller Vergänglichkeit, von deren Spuren er sich hier überall umgeben sieht, *doch so schön ist!*«

So kommt es wohl auch, daß er bei der Betrachtung der Natur immer wieder an Menschen denken muß, an die

Flößer oder an die Steinbrecher, die durch ihre schwere Arbeit uns zu warmen Stuben und zu festen Gebäuden verhelfen – deren Arbeit aber von den Nutznießern in der Regel vergessen wird. Bei der Beschreibung einer Schlucht am Prebischhorn muß er das Schicksal eines ermordeten Mädchens erwähnen, deren Leiche man dort gefunden hat. »Wir sinken so tief nicht«, schreibt er, »uns sollen hier Gott und Natur den Menschen bewahren und veredeln.« Denn man sieht ja doch in der Natur nichts anderes »als Spuren der unbeschreiblichen Liebe, die überall ist und waltet«.

Jesus Christus hat etwas mit der Sächsischen Schweiz zu tun, und vielleicht haben wir seinen Blick heute besonders nötig, da sich in der Sächsischen Schweiz und anderswo oft keine reine Luft, sondern Benzingestank, keine Einsamkeit, sondern das Gedrängel von Menschen findet, die nicht immer die Sauberkeit der Natur achten und bewahren, sondern sie als einen großen Papier- und Abfallkorb betrachten, und denen das klare Wasser der Elbe mit ihrem Fischreichtum bestenfalls noch eine schwache Erinnerung ist. Mit dem Blick Götzingers könnten wir vielleicht nicht nur die Schönheiten von Gottes Schöpfung in der Natur wiederentdecken, sondern sie auch pflegen und erhalten, so daß man nicht nur aus der Ferne, sondern auch aus der Nähe wieder sagen könnte, was Götzinger beim Anblick von Neustadt ausrief: »Mein reizendes Neustädter Tal bleibt mir das schönste unter allen!«

## Nicht nur ums Seelenheil

»Die Entwicklungsarbeit hat der Mission in der Wiege gelegen. Eine Zeit, in der sich Missionare, wie ihnen das manchmal nachgesagt wird, nur um das Seelenheil der Menschen gekümmert hätten, ohne sich zugleich auch um

Weiterhilfe im täglichen Leben, um medizinische Hilfe, Schulen und Fortbildung, Verbesserung der Landwirtschaft und Erwerbsmöglichkeiten zu bemühen, hat es in der Mission, bei den Herrnhutern und vielen anderen, kaum einmal gegeben.«

Dies schreibt Hartmut Beck im Zusammenhang mit der Schilderung der Herrnhuter Missionsarbeit in Tansania, und er hat recht, wenn er auch ein wenig zu bescheiden ist. Denn so wie die Herrnhuter hat sich wohl keine andere Missionsarbeit um »Weiterhilfe« bemüht. Es kann nicht schaden, wenn man eine kleine Beispielsammlung Herrnhuter »Entwicklungshilfe« zur Kenntnis nimmt, die nie viel von sich reden gemacht hat, weil sie den Herrnhutern selbstverständlich war – aber eben darum droht sie auch vergessen zu werden.

Herrnhuter hatten an der unteren Wolga die Niederlassung Sarepta gegründet, um die Kalmücken mit dem Evangelium zu erreichen, die Buddhisten waren. Die Missionsärzte Dr. Wier und Neitz entdeckten in Sarepta einen mineralhaltigen Brunnen und machten ihn nutzbar. Das zog nicht nur viele Kurgäste an. Es ermöglichte auch die Gründung einer Fabrik für Glaubersalz und Magnesia. Der Schwiegersohn Neitz' errichtete außerdem eine Senffabrik. Das schaffte Arbeitsplätze und förderte das wirtschaftliche Leben.

In Sikonga im östlichen Afrika wurden 1910 durch die Brüder der erste Pflug und das erste Ochsengespann eingeführt. Der Vorsteher der Gemeine, Gerhard Stolz, legte Versuchspflanzungen mit Reis, Weizen, Erdnüssen, Erdbeeren, Zitronen, Papayas, Feigen, Datteln und Kokosnüssen an. Übrigens half die Mission in dieser Gegend um die Jahrhundertwende, einer schweren Plage durch »Menschenfresserlöwen« Herr zu werden. Sie war so schlimm gewesen, daß die Menschen in Scharen ausgewandert waren.

1889 begann Missionar Weinland mit der Mission der

Morongo-Indianer in Südkalifornien. Da ihnen der Waffenbesitz von der Regierung verboten und die Grundlage für die Jagd entzogen war, mühte sich Weinland, sie seßhaft zu machen. Er verschaffte ihnen nicht nur neue Berufe mit der nötigen Ausbildung, er bohrte auch den ersten artesischen Brunnen in dieser Gegend.
Eine der größten Kirchen, die aus der Herrnhuter Mission hervorgegangen ist, liegt in Suriname im Norden Südamerikas. Dort beschäftigte die Missionsfirma Kersten & Co. schon um 1900 neben 31 europäischen Angestellten 150 Einheimische, damals eine große Ausnahme. Sie hatte eine Alters- und Krankenversorgung, die für die Kolonie einzigartig war. Von ihren Einnahmen deckte sie zeitweise bis zu einem Viertel der Ausgaben der Brüdergemeine. Überhaupt hatten die Missionsfirmen eine so große Bedeutung, daß mitunter der »Winkelbruder«, d. h. der Inhaber des örtlichen Missionsladens, zum Vorstand der Gemeinde gehörte. In Suriname sammelte man 1892 eine besondere Kollekte für eine Überschwemmungskatastrophe in den Niederlanden, ein frühes Beispiel ökumenischer Katastrophenhilfe, wie sie heute für den Weltrat der Kirchen an der Tagesordnung ist.
Noch ein kurzer Blick nach Alaska zur Mission unter den Eskimos: Ein Seminarlehrer der Brüdergemeine, August Schulze, verfaßte die erste Grammatik der Eskimosprache. Um die Jahrhundertwende half die Brüdermission, die vom Aussterben bedrohten Rentiere zu erhalten. Sie befaßte sich mit der Züchtung von Rentieren und sorgte gleichzeitig dafür, daß die Eskimos in größerem Umfang zu eigenen Herden kamen. Es mußte an die Regierung lediglich die gleiche Anzahl Tiere zurückgegeben werden, die zur Züchtung zur Verfügung gestellt worden waren. Die Mission überließ aber die von ihr angeschafften Tiere den Eskimos ganz und damit auch den Ertrag der Züchtung.
Als 1905 in Quinhagak, einer Niederlassung der Herrn-

huter in Alaska, eine Kirche errichtet wurde, nutzte man den 15 m hohen Turm für ein Leuchtfeuer für die Schifffahrt. Leuchtfeuer waren damals neu, in einer Kirche erst recht – und dieses Feuer gab das Licht der biblischen Botschaft auf doppelte Weise weiter!

## Ein evangelischer Landstreicher

*Hans Nielsen Hauge*

Ein Mann verbringt rund zehn Jahre seines Lebens in Gefängnissen, angeklagt der Landstreicherei und der Volksaufwiegelung. Im Jahre 1800 gründet er die erste Papiermühle Norwegens, wird ein reicher Fisch- und Getreidehändler und nennt ein blühendes Gut sein eigen. Er sorgt dafür, daß brachliegendes Land besiedelt und bebaut wird, führt rationellere Anbaumethoden ein, weist auf das Vorkommen von Mineralien hin und regt die Ausnutzung der Kräfte von Wasserfällen an. Auf seine Anregung geht ein neues, großzügiges Armenrecht in Norwegen zurück, eine besondere Fürsorge für Geisteskranke und eine Reform im Gefängniswesen. Mit Berufung auf diesen Mann entdecken einfache Menschen ihre Begabung und werden Bauernführer und Abgeordnete.

Ein interessanter Lebenslauf, für den es nach Selbstzeugnissen dieses Mannes nur eine einzige Erklärung gibt: das Evangelium von Jesus Christus, den er im Jahre 1794 nach der Lektüre von Luthers Hauspostille und des »Wahren Christentums« von Johann Arndt als seinen Herrn erkannt und anerkannt hatte. Der Mann hieß Hans Nielsen Hauge und wurde 1771 als Sohn eines Bauern geboren. Ihm hat die norwegische Christenheit Entscheidendes zu verdanken. 1824 starb er.

Hauge evangelisierte zunächst als Wanderprediger, er durchwanderte Norwegen zu Fuß. Einmal legte er in fünfzehn Monaten siebentausend Kilometer zurück. In der Regel machte er auf einem Bauernhof halt und verdingte sich dort als Landarbeiter. Da er gut arbeitete, faßten die Menschen Vertrauen zu ihm. Am Abend lud er sie zu sich ein und predigte, und nach geraumer Zeit stand neben ihm noch eine Anzahl weiterer Laienprediger im Dienst der Verkündigung. Um dem erneuten Vorwurf der Landstreicherei zu entgehen, ließ er sich 1799 eine Lizenz als Kaufmann geben und eröffnete in Bergen einen ausgedehnten Handel, vor allem mit Fischen und Getreide. Hauge begann oft mit Neuem auf wirtschaftlichem Gebiet und überließ die Sache dann vertrauensvoll seinen Freunden.

In der erwähnten Papiermühle versuchte er mit seinen Arbeitern zu einer wirklichen christlichen Gemeinschaft zu kommen. »Sie führten gemeinsamen Haushalt und lebten zusammen mit ihren Arbeitern, vierzig an der Zahl, meist Krüppel und Kinder aus den Kreisen der Erweckten, als ob sie eine große Familie seien«, wird berichtet. Er machte sich auch viele Gedanken darüber, ob Christen nicht gänzlich auf privaten Besitz verzichten und eine gemeinsame Kasse führen müßten. Wegen des Verdachts, eine solche gemeinsame Kasse eingerichtet zu haben, wurde er sogar angeklagt, aber es konnte ihm nichts Nachteiliges nachgewiesen werden. Dann zog er aus der Schrift den Schluß, daß die ersten Christen das Unternehmen einer gemeinsamen Kasse schon bald aufgegeben hätten. Er tat es auch. Er fürchtete, es könne der Faulheit Vorschub leisten, und verteidigte von da an das Recht eines jeden auf seinen Besitz.

Gleichzeitig aber verpflichtete er die Christen, mit ihrem Besitz jederzeit zur Hilfe für Arme bereit zu sein. Er selbst beschäftigte auf seinem Hofe Christiana im Hungerjahr 1812 eine Magd den ganzen Tag allein damit, Grütze und Mehl an Hungernde auszugeben. Allerdings stellte er die Bettelnden sogleich an und ließ sie auf seinem Hof arbeiten. Von dieser Erfahrung ausgehend, beschäftigte

er sich auch mit einer Gesetzgebung für Arme, die ihnen nicht nur Almosen geben, sondern zur Selbsthilfe verhelfen sollte.
Hauge wollte den Christen, das heißt den erweckten und evangelisierenden Christen, zur wirtschaftlichen Unabhängigkeit verhelfen. Er meinte, auf diese Weise würden sich nicht nur Christen untereinander helfen können, sie würden auch für die Nöte der Nichtchristen mit helfender Tat einstehen. Seine Freunde gründeten 1842 die norwegische Missionsgesellschaft und trugen so auf verschiedene Weise die Gedanken Hauges über die Grenzen ihres Landes hinaus in die Welt.

## Näher zum Reiche Gottes

Unter den Menschen, die mit dem bekannten Theologen Johann Albrecht Bengel im Jahre 1836 die Wiederkunft Christi erwarteten, waren auch die Einwohner zweier kleiner schwäbischer Gemeinden: Kornthal und Wilhelmsdorf. Ihre Erwartung war so stark, daß sie beim Pflügen ihren Kittel am östlichen Rand des Feldes liegen ließen, um es zu Christus näher zu haben, wenn er kam – er würde ja von Osten kommen. Eine Kutsche stand zu jeder Zeit bereit, um die Armen und Schwachen aufzunehmen und in das Reich Gottes bringen zu können, weil sie nicht selber laufen konnten. »Wir warten, beten und bereiten uns vor, wie wenn der Herr morgen käme, aber wir bauen und pflanzen und weiden auf Erden, wie wenn es noch tausend Jahre so fortgehe«, sagten sie.
Hier herrschte eine mustergültige Ordnung wie auch eine außergewöhnliche Strenge, die allerdings keinen anderen Sinn hatte, als den Charakter beider Orte als »wahrer Jesusgemeinden« zu erhalten. Das spiegelte sich in der Gemeindeordnung wider. So sollten »Unwahrheiten im

Handel und Wandel« streng bestraft werden. Aus diesem Grunde mußte zu jedem Handel ein »uninteressierter Bruder« herbeigezogen werden. Ein besonderer Almosenverteiler hatte für die Bettler zu sorgen aus einem »Kasten«, zu dem jedes Gemeindeglied »nach Vermögensumständen« beitrug. Es war verboten, Bettlern und Hausierern im eigenen Hause etwas zu geben oder zu verabreichen. Für Heirat und Verlobung brauchte man die Zustimmung der Gemeinde. Nach 1 Kor 5,13 war es möglich, Gemeindeglieder auszuweisen, wenn sie sich an diese Ordnung nicht halten wollten. Von Zeit zu Zeit fanden überraschend Hausbesuche der Vorsteher statt, die die Einhaltung der Ordnung kontrollierten. Niemand durfte bei Gericht ohne Erlaubnis des Vorstehers jemanden verklagen.

Eine Eigenart dieser Gemeinden prägte sich in der sogenannten »Güterkaufsgesellschaft Kornthal« aus, zu der alle bäuerlichen Mitglieder gehörten. Denn diese Gesellschaft verteilte die Ländereien des zur Verfügung gestellten Rittergutes Kornthal zu gleichen Teilen an die Bauern, die ihr Stück Land nicht als Eigentum, sondern in Pacht bekamen. Aus den Pachteinnahmen bildete die Genossenschaft eine »Leihkasse«, wahrscheinlich die älteste württembergische Gemeindesparkasse. Daneben gab es eine »Viehassekuranz«, das heißt eine Viehversicherung, die für die damalige Zeit einzigartig war. Im Laufe der Jahre kamen eine Reihe von gemeinnützigen Einrichtungen hinzu, ein »Witwenhaus« für zwölf Witwen der Gemeinde, die unentgeltlich oder – wenn sie es bezahlen konnten – gegen einen geringen Betrag hier leben konnten; ein »Knabeninstitut«, d. h. ein Gymnasium für Jungen, und ein »Mädcheninstitut«, das sich in je eine Abteilung für ältere und jüngere aufgliederte. Für verwahrloste und verelendete Kinder wurden mehrere »Rettungsanstalten« gegründet, dazu eine Besserungsanstalt für entlassene weibliche Strafgefangene, eine Säuglingskrippe in Wilhelmsdorf (solche Krippen waren damals nahezu unbe-

kannt) und eine Taubstummenanstalt. Schließlich entstand ein spezielles Krankenhaus für »Dienstboten«, in dem jeder zwölf Wochen lang unentgeltlich behandelt werden konnte.
Damit sind die Einrichtungen dieser beiden Gemeinden noch keineswegs alle beschrieben. Viele hatten nur einen kurzen Bestand, aber alle entstanden aus einem christlichen Erfindungsreichtum heraus, der wach war für das Nötige und Fällige. Daß alle diese Einrichtungen und ihr Leben in eine tiefe Frömmigkeit eingebettet waren, wird besonders deutlich, wenn man sich den Grund vor Augen hält, der zur Besiedlung von Kornthal und Wilhelmsdorf geführt hatte. Ein Württemberger Bürgermeister, Hoffmann mit Namen, wandte sich an den König um einer Gruppe von Leuten willen, »die sich in einer Art Gewissenszwang befinden, die nämlich die neue Liturgie... nach ihrer Überzeugung nicht nach der alten lutherischen Glaubenslehre verfaßt finden, deswegen solche nicht annehmen, von ihren geist- und weltlichen Vorstehern aber öfters mit Geld- und Leibesstrafen dazu gedrungen werden«. Viele der so betroffenen Christen wählten damals den Weg der Auswanderung. Sie gingen nach Amerika oder nach Rußland. Hoffmann meinte nun, daß sie dem Lande erhalten werden könnten, wenn man ihnen erlaube, sich in einer besonderen »religiösen Gemeinschaft« niederzulassen, in der sie weiter die alte Liturgie pflegen könnten. 1818 erhielt Hoffmann durch ein königliches Dekret die Zusicherung eines besonderen »Privilegiums« für alle Familien, welche sich in der geplanten Siedlung niederlassen würden. 1819 erwarb er für diesen Zweck das Rittergut Kornthal und 1823 das Gelände für die zweite Siedlung, nachdem König Wilhelm von Württemberg (zu dessen Ehren die zweite Siedlung später »Wilhelmsdorf« genannt wurde) das »Privilegium« und damit eine gesetzliche Lebensmöglichkeit für eine Schar ernster und frommer Christen erteilt hatte.

## Die Jesusbraut
*Amalie Sieveking*

Als »Jesusbraut« wurde sie verschrien, als einige ihrer biblischen Schriften erschienen waren. »Mystischer Unsinn« sei das, sagte man. Das war in den zwanziger Jahren des vorigen Jahrhunderts und dauerte bis zum Jahre 1831, ehe der Weg der Hamburger Senatorentochter Amalie Sieveking (1794–1859) nicht nur Klarheit, sondern ein Ziel gewann, das mit der Zeit ein Ziel für viele christliche Frauen und Mädchen werden sollte.

Sie war ganz und gar im Rationalismus aufgewachsen und hatte schon frühzeitig Lust zur Erziehungsarbeit. Durch den Einfluß eines ihrer Brüder, vor allem durch seinen frühen Tod 1817, bekam ihre Frömmigkeit jenen leidenschaftlichen und mystischen Charakter, der ihr den Spottnamen eintrug.

Da bekam sie Gelegenheit, sich in einer Stunde der Not zu bewähren. 1831 brach in Hamburg Cholera aus. Amalie Sieveking veröffentlichte im »Bergedorfer Boten« einen Aufruf an »christliche Frauen und Jungfrauen«, sich im schnell errichteten Choleraspital als Krankenschwestern zur Verfügung zu stellen. Das brachte ihr zunächst nichts weiter ein als neuen Spott. Man hielt sie nicht nur für schwärmerisch und überspannt, man hielt es auch für unmöglich, daß Frauen und Mädchen in diesem Beruf eine entscheidende Hilfe sein könnten. Die Frau, vor allem die christliche Frau, die in diesen Zeiten in der Regel aus dem Bürgertum kam, gehörte ins Haus, an den Kochtopf, ins Wochenbett und später ins Kinderzimmer. Noch am Anfang des Jahrhunderts wurde zum Beispiel in der Kieler Armenpflege die Mitarbeit von Frauen grundsätzlich abgelehnt. Aber Amalie Sieveking trat 1831, zusammen mit dem ersten Cholerakranken, in das Spital in Hamburg ein. Diese Tat erschloß nicht nur Frauen eine neue Lebensaufgabe, sie wurde auch schon sehr bald anerkannt.

Nach wenigen Tagen übertrug man Amalie Sieveking die gesamte innere Leitung des Hauses. Erst mit dem Erlöschen der Krankheit schied sie aus dieser Arbeit aus, um mit neuen Erfahrungen und neuer Tatkraft 1832 den »Weiblichen Verein für Armen- und Krankenpflege« zu gründen. Die Regeln dafür entwarf sie nach dem Vorbild der katholischen »Barmherzigen Schwestern«. Theodor Fliedner, der 1836 sein Kaiserswerther Diakonissenhaus gründete, bot ihr zweimal das Amt der Vorsteherin des ganzen Verbandes an. Hamburg wollte ihr als Oberin die Leitung des Allgemeinen Krankenhauses übertragen. Sie lehnte beide Male ab, um ihrem Verein treu zu bleiben. Sie schrieb einmal: »Mehr freilich als irgendein Lob ist mir in diesem Falle um eine Frucht meiner Rede zu tun, daß dadurch nämlich manche weiblichen Kräfte, bis dahin nur dem Dienste der Eitelkeit und Frivolität oder höchstens der Tagelöhnerschaft der Nähterin geweiht, daraus erlöst und für höhere Zwecke gewonnen werden mögen.« Die Armen hatte sie in ganz besonderer Weise im Auge, die zu dieser Zeit noch lange nicht so im Blickfeld der Kirche standen wie die Kranken. Amalie Sieveking ließ sich deshalb in einem sogenannten »platten Sarg« und im Gewand einer Armen begraben, um über den Tod hinaus ein Zeichen ihrer Liebe zu diesen Menschen zu setzen, die von der Kirche oft nicht beerdigt wurden, weil ihnen das nötige Geld fehlte. In solch einem Sarg begraben zu werden war bei Betroffenen und Angehörigen oft mit der Angst verbunden, für die ewige Seligkeit ungenügend gerüstet zu sein und das Heil einzubüßen. So hat zwar Amalie Sieveking noch nicht auf sozialer und auf allgemein gesellschaftlicher Grundlage geholfen, Besitz anders und gerechter zu verteilen, aber sie hat den Menschen, vor allem den Christen ihrer Zeit, ein Problem vor Augen geführt, das nur wenige mit ihr gesehen haben.

## Krankenbesuchsdienst

In den Programmen unserer Gemeinden heute spielen die getrennten Zusammenkünfte von Männern und Frauen häufig noch eine große Rolle. »Frauendienst«, »Frauenhilfe«, »Männerwerk«, »Mütterkreis« – sie haben ihren Platz in den Abkündigungen wie in den Kirchenzetteln. Und oft sind gerade die besonderen Treffen der Frauen die lebendigsten Kreise in der Gemeinde. Auf der Ebene der Kirchen und des Bundes Evangelischer Kirchen in der Deutschen Demokratischen Republik wird Jahr für Jahr Material zusammengestellt und gedruckt, das Programme für die Frauen- und Männerarbeit anbietet. Und mancher denkende Christ mag sich schon gefragt haben: »Wie kommt das eigentlich, daß ausgerechnet in der Kirche sich Männer und Frauen getrennt versammeln im Zeitalter der Gleichberechtigung?« Auch wenn er es nicht fragt, mag ihn die Antwort interessieren und überraschen.

Die älteste Quelle für eine Männerarbeit der Kirche sind die »Statuten des Christlichen Männer-Kranken-Vereins in Berlin«, der 1833 gegründet wurde, zu einer Zeit, als an eine Innere Mission der Kirche noch nicht zu denken war. Der Verein hatte »den Zweck, hilfsbedürftige männliche Kranke (ohne Rücksicht, ob sie zum Verein gehören oder nicht) in ihren Wohnungen zu unterstützen, ihnen nach Kräften beizustehen und ihre Seelen zum Herrn hinzuführen«. Man konnte zahlendes Mitglied werden – und man konnte als »Vorsteher« oder als »stellvertretender Vorsteher« für einen bestimmten Wohnbezirk selber Besuche und Nachtwachen übernehmen. Daneben waren an Unterstützung vorgesehen »Geld, Suppen, Medizin, Holz, wollene Decken, Bettlaken, Strohsäcke, Schlafröcke, Hemden, Strümpfe, Hosen, Jacken usw.« Zwar bezahlte der Verein die Kosten für die Unterstützung, Besuche und Nachtwachen aber geschahen grundsätzlich ehrenamtlich.

Eine ähnliche Zielstellung hatte der vielleicht älteste Zu-

sammenschluß von Frauen in der Gemeinde, der »Dienerinnenverein zu Straßburg«. Er wurde 1836 von Franz Heinrich Härter gegründet, der aus der pietistischen Erweckungsbewegung kam. Auch in diesem Verein ging es um einen Besuchsdienst, diesmal für »Arme«, denen das Wort Gottes nahegebracht werden sollte. Dieser Dienst hatte zwei Schwerpunkte: einmal den Besuch selbst mit »geistlicher« und »leiblicher Hilfe« für die Betroffenen, zum anderen die Zusammenkunft der Träger dieses Dienstes zu gegenseitiger Stärkung und Beratung und zum gemeinsamen Gebet. Die »Grundsätze« enthalten schon eine Schweigepflicht der Beteiligten und eine genaue praktische Anweisung für den jeweiligen Armenbesuch. Man kannte drei »Klassen von Pflegebefohlenen« je nach Schwere des Falles, die sonntäglich, aller vierzehn Tage oder alle Monate besucht wurden. Mehr als drei Arme sollten von einer »Dienerin« – wie sich die Mitglieder dieses Vereins nannten – nicht versorgt werden, damit man sich intensiv genug kümmern konnte. Die Liste der Hilfsmaßnahmen ist der Liste des Berliner Männer-Kranken-Vereins ganz ähnlich.
Natürlich fällt auf, daß beides keine »Werke« oder »Dienste« der Kirche waren, wie man sie heute nennen würde, sondern Vereine. Die Kirche war zu der Zeit noch nicht in der Lage, solche Probleme als ihre eigenen zu erkennen, zu unterstützen und unter ihre Fittiche zu nehmen. Trotzdem hatten gerade diese Vereine wirklichen »Dienstcharakter«, und es lohnte sich für uns, dieses Erbe wiederzuentdecken und neu ernst zu nehmen.

## Weltläufig machen

Ein in der Gemeinde der Gegenwart schon vertrautes Bild: Geistig Behinderte mit ihren Angehörigen leben mit Nichtbehinderten unter einem Dach. Dazu ein kurzer

Ausschnitt aus dem Auswertungsgespräch einer Familienrüstzeit im Jahre 1984: »Es waren unsere bisher schönsten Ferien, und das haben wir den Behinderten zu danken. Wir haben sie noch nie aus der Nähe kennengelernt. Es war eine große Bereicherung für unser Leben. Aber wir wollen ehrlich sein: Wenn wir vorher davon gewußt hätten, wären wir vielleicht nicht mitgefahren!« Ein kleiner Schritt auf dem Wege zu einer Gemeinde und vielleicht auf dem Wege zu einer Welt, in der auch geistig Behinderte in der Gemeinschaft der Nichtbehinderten angenommen und zu Hause sind. Anfänge einer Zukunftsmusik ...

Wer kann sich vorstellen, daß vor 150 Jahren geistig Behinderte als »Wechselbälge« bezeichnet wurden, als kleine Teufel, die der Satan untergeschoben hat, um sich das gesunde Kind zu nehmen! Daß sie höchstens einen Platz im »Tollhaus« fanden, wenn sie niemand mehr versorgte! Dort wurden sie lediglich verpflegt, aber kaum gepflegt, geschweige denn gefördert. Der Sinn dieser Unterbringung lag nicht in der Hilfe für die Betroffenen, sondern im Schutz der anderen vor solchen »nicht normalen« Menschen. Noch 1860 stellte eine Tagung von Irrenärzten in Eisenach fest: »Die Staatsregierungen sind nicht verpflichtet, für Erziehung und Unterricht der Blödsinnigen zu sorgen.« Und eine Berner Zeitung beschwerte sich angesichts einer eben erst gegründeten Anstalt Mitte des vorigen Jahrhunderts, daß junge gesunde Männer eine so sinnlose Arbeit verrichten könnten, da den Schwachsinnigen ohnehin nicht zu helfen sei. Der Leiter der Kaiserswerther Anstalten, Pfarrer Disselhoff, schreibt in einem Buch über die Lage der Schwachsinnigen im Jahre 1857, in Preußen würden Statistiken angelegt für Rindvieh, Esel, Ziegen, Schweine, nur nicht »für jene Ärmsten seiner Untertanen, die auf Erlösung aus der Nacht des Blödsinns warten«.

Zwei Geschichten stehen am Anfang der modernen Förderung geistig Behinderter:

Ein Schweizer Arzt, Dr. Hans Jacob Guggenbühl, findet in Seedorf im Kanton Uri einen »Kretin«, der in tiefer Andacht vor einem Kruzifix betet. Von dieser Begegnung kommt er nicht los. Sie verhilft ihm zu seiner »speziellen Mission«. Er erkannte, daß zu »gelehrter Forschung« über den Schwachsinn »Aufopferung und Liebe« kommen mußte. »Die Heilanstalt«, so schreibt er später, »soll ihrem Wesen nach ein Hospital und eine Schule sein, worin medizinische und pädagogische Hilfsmittel Hand in Hand gehen.« 1841 eröffnet er auf dem Abendberg bei Interlaken eine Anstalt, in der nicht nur geistig behinderte Kinder gefördert werden, sondern auch die Mütter solcher Kinder lernen können, wie man mit ihnen umgeht.

1834 werden dem Lehrer Karl Ferdinand Kern in Eisenach durch einen Oberkonsistorialrat zwei geistig behinderte Jungen zugewiesen mit der Bitte, sie auf die Konfirmation vorzubereiten. Dabei entdeckte Kern, wie man sie fördern kann. Er läßt sich an einer Schule für Taubstumme in Leipzig ausbilden – eine spezielle Ausbildung für die Arbeit mit geistig Behinderten gab es ja noch nicht – und gründet in Eisenach 1839 eine erste bescheidene eigene Anstalt. 1847 geht er nach Leipzig und muß wegen ihres schnellen Wachstums die Einrichtung 1854 nach Gohlis und 1859 nach Möckern verlegen.

Kern und Guggenbühl waren nicht die allerersten, aber sie waren Bahnbrecher und weckten das Interesse der Öffentlichkeit. Und ihr Glaube half ihnen, vielleicht muß man sogar sagen: befahl ihnen, ans Werk zu gehen. In einem Buch aus dem Jahre 1904 mit dem Titel »Zur Geschichte und Literatur des Idiotenwesens in Deutschland« heißt es: »Gewiß können nur religiöse Gemüter einer solchen mit so großer Aufopferung verbundenen Pflicht auf die Dauer genügen.«

Auch ihre Vorläufer waren Christen: der Lehrer Gotthard Guggenmoos in Hallein bei Straßburg, der 1816 eine erste Schule für schwachsinnige Kinder gründete, die schon 1835 wieder einging, weil ihn niemand unterstützte – und der Stadtpfarrer von Wildberg im Schwarzwald, Karl Georg Haldewang, der 1838 einen ähnlichen Versuch machte! Wir finden in der Praxis und in den Schriften der damaligen Zeit schon alle Ansätze gegenwärtiger Förderung. Guggenbühl teilt die Behinderten in Fördergruppen zu je acht auf. Der katholische Pfarrer Joseph Probst in Mühldorf in Oberbayern versucht, seine Zöglinge zur »Weltläufigkeit« zu erziehen, d. h., ihnen praktische Fertigkeiten für den Alltag zu vermitteln, für das Leben in der »Welt«. Der Begriff »Heilanstalt« wird schon in den sechziger Jahren mehr und mehr vermieden, weil die Wissenschaft erkennt, daß die Hilfe mehr von der Pädagogik als von der Medizin kommen muß. Es ist dann nur noch ein kleiner Schritt zur Gründung der ersten Hilfsschule in Dresden 1867, der in allen größeren Städten bald weitere folgen. In vielen Ländern werden heute geistig behinderte Menschen gefördert und lernen vieles, was ihnen früher niemand zugetraut hat. Was mehr wert ist: Die Gesellschaft hat in ihnen vollwertige und gleichwertige Glieder entdeckt, liebenswerte Partner der sogenannten »Normalen« ...

## Gute Nachricht auf den Flüssen

*David Livingstone*

In der Liste großer Geographen und Entdecker nimmt der englische Arzt Dr. Davig Livingstone (1813–1873) einen beachtlichen Platz ein. Ihm sind die Entdeckung der Victoria-Fälle und der Nilquellen, des Nyassa-Sees, des Shirwa-Sees zu danken. Große Teile des Sambesi hat er erforscht, und er spielte eine bedeutende Rolle in der Geschichte der beiden heutigen afrikanischen Staaten Zentralafrikanische Republik und Tansania. Aber nicht allgemein bekannt ist, daß es nur einen einzigen Grund gab für alle seine Reisen und Entdeckungen: das Evangelium. Livingstone war 1841 in den Dienst der Londoner Mission getreten und hatte sich zunächst in Südafrika bei seinem Schwiegervater, einem bekannten Missionar, niedergelassen. Schon bald aber zog es ihn in unerforschte Gegenden und zu den Menschen, die bisher noch nie etwas vom Wort Gottes gehört hatten.

Er merkte bald, daß die Freiheit des Evangeliums für die Afrikaner nur dann Sinn hatte und nur dann verständlich werden konnte, wenn sie ihnen eine andere Freiheit brachte: die Freiheit von der Sklaverei. Von der Insel Sansibar aus zogen Karawanen in das Innere Afrikas, fingen die künftigen Sklaven ein, brachten sie zur Küste und verkauften sie weiter. Livingstone machte eine zusätzliche schmerzliche Entdeckung: Die Verbindung über die Sklavenkarawanen war die einzige Verbindung, die viele Stämme Innerafrikas zur übrigen Welt hatten. Damit sie sich ungestört entwickeln konnten, mußte man ihnen die Möglichkeit geben, unabhängig zu werden und Selbstbewußtsein zu erlangen. Das konnte nur geschehen durch andere, bessere Wege und Straßen zum Meer. Livingstone machte sich Gedanken, wie er den Afrikanern zu einem selbständigen und ertragreichen Handel verhelfen könne. Die Lösung, die er fand, ist wohl nicht einfach seiner persönlichen Phantasie zuzuschreiben, sondern der Phantasie des Evangeliums, dem schöpferischen Nachdenken über die Liebe Gottes zu den Menschen, die will, daß »allen Menschen geholfen werde« (1 Tim 2,4). Die Flüsse Afrikas mußten erforscht werden, denn sie waren die natürlichen Handels- und Wirtschaftswege, die aus dem Inneren an das Meer führten. So machte sich der Forscher und Missionar auf, die Flüsse zu erforschen.

Livingstone zog am Sambesi entlang und suchte zunächst die Nilquellen. Der Auffindung von Seen galt sein besonderes Interesse (ein großer Wasserfall am Kongo trägt zur Erinnerung seinen Namen).

Auf den drei großen Reisen, die er in Abständen unternahm, war er immer als Arzt und Prediger tätig. In seiner Heimat versuchte er, die Öffentlichkeit gegen den Sklavenhandel zu mobilisieren. Er richtete einen Aufruf an das englische Volk zugunsten der Missionierung Afrikas und hielt über das gleiche Thema 1857 in Cambridge eine Vorlesung, die zwei Jahre später zur Gründung der »Anglikanischen Universitäten-Mission« führte.
Während der letzten Missionsreise galt Livingstone für längere Zeit als verschollen. Die amerikanische Zeitung »New York Herald Tribune« sandte ihren Sensationsreporter Henry Morton Stanley nach Afrika, um ihn zu suchen. 1871 fand er ihn am Bangweolosee. Es wird berichtet, daß Stanley, nachdem er auf Tausenden von Kilometern keinen Weißen gesehen hatte, auf ihn zuging mit den Worten: »Dr. Livingstone – wie ich annehme.« Das Leben des Reporters wurde durch diese Begegnung so umgewandelt, daß er das Werk fortsetzen wollte, als man Livingstone eines Morgens vor seinem Bett tot auffand – er war betend gestorben.
Stanley schrieb über ihn: »Könnte es mein Los sein, ihn zu ersetzen und das Licht des Christentums in Afrika zu verbreiten? Ich würde allerdings nicht Livingstones Methode anwenden. Jeder nach seiner Manier. Die seinige besaß, wenn er auch ein wahrer Nacheiferer Christi war, Fehler, und zwar infolge seiner übergroßen Güte, Geduld und Selbstverleugnung.«

## Unter dem Ewigkeitsdach

*Johann Christoph Blumhardt*

Als Johann Christoph Blumhardt 1852 von Möttlingen nach Bad Boll zog, kaufte er ein großes Haus, das der württembergische Staat als Schwefelbad eingerichtet hatte.

Er brauchte dieses Haus, um die Menschen unterzubringen, die bei ihm Hilfe suchten. Eigentlich weiß das jeder, der Blumhardt kennt und schätzt, aber nicht jeder weiß, warum gerade der Kauf eines Hauses wichtig war. Schon Leonhard Ragaz hatte gesagt: »Damit, daß Blumhardt von Möttlingen nach Boll zog und aus dem Pfarrer zu einem Hausvater und Badbesitzer wurde, zog das Reich Gottes mit ihm aus der Kirche in die Welt hinein.«

Wenn ein Gast ankam, wurde er nicht von Blumhardt selbst, sondern von seiner Frau empfangen. Blumhardt beschränkte sich darauf, dem Ankömmling einen Platz zuzuweisen und ihm spätere Gespräche anzukündigen. Der Gast hatte an den Hausandachten und den Mahlzeiten teilzunehmen, sonst war er den ganzen Tag frei, soweit nicht Blumhardt ihn in seinem Zimmer aufsuchte. Aber diese Besuche im Zimmer, die Einzelseelsorge, wurde von Blumhardt nicht so hoch bewertet wie das gemeinsame Leben. Er betete nicht einmal mit den Besuchern einzeln. Er lege »das Hauptgewicht auf Eindrücke, die ich durch meine Vorträge, oder durch gemeinschaftliche Unterredungen, oder durch den Geist meines Hauses überhaupt indirekt den Leuten beibringe, und daß ich auf Einzelgespräche in der Regel nur ein untergeordnetes Gewicht lege, weswegen es mir oft sehr lästig ist, wenn die Leute nur so daherkommen, ohne es auf einen Gottesdienst zu richten.«

Bei den Mahlzeiten saßen an zwei langen Tafeln sechzig bis siebzig Personen. Nach dem Tischgebet plauderte man über alles mögliche. Blumhardt war immer darauf aus, von den Gästen zu lernen. Es hat die Gäste fasziniert, daß es dabei gar nicht »fromm« zuging. Blumhardt sei ein Mann von viel Fröhlichkeit und derben Witzen gewesen, wird berichtet. Am Ende der Mahlzeit wurde ein biblischer Abschnitt vorgelesen, ein Lied gesungen und mit einem kurzen Dankgebet geschlossen. Bei der Abendmahlzeit legte er einen biblischen Text aus, wobei jeder die Möglichkeit hatte, sich zu beteiligen. Blumhardt lag sehr viel an der Einheit zwischen Leiblichem und Geistlichem. Einer überfrommen Dame, die sich kaum getraute, zuzulangen, rief er zu: »Das erste Gebot der Bibel lautet: Iß!« Und eine Pfarrfrau, die in seinem Hause gesund wurde, schreibt: »Das Herz geht einem auf und wird weit – in diesem Haus, wo man das Christentum Fleisch geworden sieht, wie nicht leicht sonst irgendwo. Es ist nicht mehr diese Scheidewand, die man sonst immer aufrechterhalten muß, zwischen Profanem und Heiligem.«

Es gehörte zum Stil von Bad Boll, daß um neue Gäste nicht viel Aufhebens gemacht wurde. Sie wurden sofort eingegliedert, als gehörten sie schon lange dazu. Es war die »Familie Gottes« Mk 3,31–35, die hier Gestalt gewann, und sie blieb eine Alltagsfamilie, keine Versammlung von Heiligen. Es gab Schwierigkeiten mit dem Personal wie in anderen Häusern auch, es gab Standesunterschiede. Aber vieles wurde überwunden durch Blumhardts Bemühen, alles, auch die schlichtesten Dinge, vom Reich Gottes her zu sehen.

Er selbst versuchte es einmal so zu erklären: Die Leute »wissen oft nicht, was sie von Bad Boll sagen sollen, warum sie gern hier sind – ob die Luft so gut sei oder die Stuben so behaglich, das Essen so gut oder das gemeinsame Zusammenleben – kurz, da sind die verschiedenen Meinungen. Ich will es auch heute sagen: es ist ein Ewigkeitsdach über unserem Hause, als über denen, die wohl sterben und doch leben, die vergehen und doch nicht umkommen, weil nicht sie, sondern der lebendige Gott waltet. Das ist die gute Luft von Bad Boll!« Ein Pfarrer kann sich heute kein Haus mit zwei Flügeln mieten wie Blumhardts Haus in Bad Boll. Er kann auch nicht in der Gemeinde Häuser einrichten, in denen sich so große »Familien Gottes« versammeln können. Und wenn er es könnte, so wäre es wahrscheinlich der falsche Stil in unserer nüchternen Zeit, und die Menschen würden sich gerade nicht wohl fühlen. Auch das Blumhardtsche Haus und die Blumhardtsche Hauskirche müssen in die Gegenwart übersetzt werden. Und doch brauchen wir auch heute Hauskirchen, deren »Geheimnis das Geschenk von Zukunft ist«.

## Organisierte Barmherzigkeit

*Henri Dunant*

»Die aufgehende Sonne des 25. Juni 1859 beschien eines der furchtbarsten Schauspiele, welche die Phantasie sich ausmalen kann. Das Schlachtfeld ist besät mit Menschen- und Pferdeleichen ... Die unglücklichen Verwundeten ... sind bleich, fahl und ganz entkräftet. Die einen, besonders die Schwerverwundeten, schauen stumpfsinnig drein ... Andere sind infolge der schweren Nervenerschütterung von krampfhaftem Zittern befallen. Wieder andere mit klaffenden Wunden, die sich schon zu entzünden begonnen haben, sind fast wahnsinnig vor Schmerz. Sie bitten, man solle ihnen den Gnadenstoß geben ...«

Diese Zeilen stehen in dem Buch »Eine Erinnerung an Solferino«, das 1862 erschien und einen Christen aus Genf zum Verfasser hatte, Henri Dunant. Wenn dieses Buch auch die schrecklichen Erlebnisse widerspiegelte, die Dunant einen Tag nach der Schlacht von Solferino beim Besuch des Schauplatzes hatte, so war es doch nicht allein um dieser Erinnerungen willen niedergeschrieben worden. Es erschien Dunant unfaßbar, daß Kriege solche Verbrechen und solches Elend im Gefolge haben konnten. Da er damals keinerlei Hoffnung sah, den Krieg selbst zu bekämpfen, wollte er wenigstens denen helfen, die unter seiner Einwirkung am meisten zu leiden hatten. Die Pläne für diese Hilfe entwickelte er in diesem Buch.

Schon ein Jahr später gelang es, zunächst noch auf privater

Grundlage, Vertreter von siebzehn Staaten in Genf an einen Tisch zu bringen. Sie richteten einen Aufruf an die Regierungen der Welt und forderten von ihnen zweierlei: Erstens sollten in allen Ländern nationale Hilfsgesellschaften gegründet werden, um die Völker mit den Anliegen Dunants vertraut zu machen. Zweitens sollten in Kriegszeiten grundsätzlich alle Feldlazarette, das Sanitäts- und Verwaltungspersonal der Lazarette, das Hilfspersonal und die Verwundeten selbst als neutral betrachtet werden.

Dieser Aufruf führte 1864 zu einer ersten offiziellen Konferenz mit Vertretern von sechzehn Staaten, die auf Initiative der Schweiz zustande kam. Und diese Konferenz arbeitete auf der Grundlage des Aufrufes vom Vorjahr die berühmte Genfer Konvention aus, die inzwischen Millionen von Menschen in Kriegszeiten das Leben gerettet hat und die im Jahre 1949 auf den Schutz der Zivilbevölkerung erweitert worden ist. Um Henri Dunant und das Land zu ehren, das um die Verwirklichung seiner Ideen besondere Verdienste erworben hat, nahm man die Schweizer Flagge (weißes Kreuz auf rotem Feld) zum Vorbild für das Wahrzeichen (rotes Kreuz auf weißem Feld) und nannte die Organisation das »Rote Kreuz«. Alle bedeutenden Länder der Welt haben die Genfer Konvention unterzeichnet, die inzwischen auf 430 Artikel angewachsen ist. Auch unser Land gehört zu den Unterzeichnern.

Manche, in Unkenntnis der Entstehungsgeschichte, mögen dem »Roten Kreuz« einen anderen Sinn geben und es auf die Geschichte vom barmherzigen Samariter zurückführen, dem ewigen Vorbild des Handelns in Nächstenliebe auch an dem, der ein Feind zu sein scheint. Aber wenn diese Deutung auch nicht der historischen Wahrheit entspricht – der tieferen Wahrheit, von der Henri Dunant beseelt war und die ihn seine Ideen entwickeln und verwirklichen ließ, entspricht sie bestimmt.

# Tanzfest statt Predigt

*Christian Keyßer*

Als um 1890 nach jahrelanger, sehr harter Pionierarbeit die Verkündigung unter den Papuas die ersten Früchte trug, stellte sich den Missionaren eine ernste Frage, die sich Missionare und überhaupt Christen in der Geschichte der Kirche nicht immer gestellt haben, wenn es darum ging, Menschen für den christlichen Glauben zu gewinnen. Aus ihrer Verantwortung heraus überlegten sie folgendes: Die Papuas lebten in kleinen Stämmen, in Sippen beieinander, die oft nur ein einziges Dorf umfaßten. Ihr ganzes Leben war in diese Sippe eingebettet. Sie beschloß über alle Lebensfragen, über Heirat und Lebensunterhalt, Krieg und Frieden. Nicht nur der Lebenslauf, auch der Tageslauf jedes Papuamenschen hatte sich dieser Sippe bedingungslos unterzuordnen, bis hin zu den furchtbaren Raubzügen in andere Dörfer. (Die Papuas waren die letzten damals bekannten Menschenfresser.) Durften in dieser Lage Menschen getauft werden, die das Wort Gottes gehört und Mut und Lust zum christlichen Glauben bekommen hatten?

Mancher Missionar hätte sicher nicht gezögert, dem Wunsch dieser Menschen nach der Taufe und damit der vollen Gemeinschaft mit den Christen nachzukommen. Der Mann, der hier verantwortlich und vorbildlich für die ganze Papuamission nachdachte, hieß Christian Keyßer. Er sagte, der ganze Stamm müsse bestimmen, ob einzelne getauft werden oder nicht. Er verlangte nicht etwa, daß der ganze Stamm christlich werden, sondern daß er entscheiden müsse, ob Menschen Christen werden dürfen, die zu ihm gehören. Ohne diese Zustimmung hätte diese Taufe Ausschluß der Christen aus ihrem Sippenverband bedeutet und nicht nur für ihr Leben, sondern auch für die weitere Verkündigung schlimme Folgen gehabt. So luden die Taufbewerber, auf Veranlassung des Missionars, ihre Stammesgenossen zu einer großen Versammlung ein, in der über das Verhältnis aller zu den Christen und zum Evangelium geredet werden sollte. Da man Nichtchristen nicht gut zu einer Predigt einladen kann, veranstaltete man ein großes Tanzfest, wie immer, wenn gewichtige Fragen zu klären waren. Der Sitte der Papuas entsprechend, wurden die Gäste reich bewirtet, und bei der Mahlzeit unterhielt man sich, beinahe ebenso, wie es die ersten Christen in der Apostelgeschichte gehalten haben, die sich zum Abendmahl beim Abendbrot trafen – und wahrscheinlich statt der Predigt ein Gespräch über Jesus Christus hatten.

Es war eine stundenlange Debatte, bei der es hoch herging, aber schließlich kam eine Art Volksentscheid zustande, bei dem man sich nicht nur entschloß, die Taufbewerber Christen werden zu lassen, sondern als ganzer Stamm das Evangelium anzunehmen. Todeszauber, Ahnenkult und Blutrache wurden aufgegeben und eine große Anzahl von Zaubergegenständen öffentlich verbrannt. Dies war der nicht nur gesegnete, sondern auch kluge und überlegte Anfang einer Arbeit, die aus dem friedlosen Gebiet der Papuas mit seinen Hunderten von Sprachen und seinen unhygienischen Verhältnissen ein friedliches, von nur zwei Sprachen beherrschtes Land werden ließ mit sauberen Wegen, gesunden Menschen und blühenden Gemeinden.

## Aufgabe statt Gabe

*Albert Schweitzer*

In groben Zügen ist Albert Schweitzers Leben und Werk bei Christen und Nichtchristen bekannt. 1875 in Kaysersberg im Oberelsaß geboren, starb er 1965 in Lambarene, mitten aus seiner Arbeit heraus, in dem Krankenhaus, in

dem sein Leben Gestalt gefunden hatte. Im Leben des großen Theologen und Mediziners vollzog sich aber auch ein Stück Gemeindegeschichte.
Der angehende Theologieprofessor mit außergewöhnlichen Fähigkeiten kommt zu der Überzeugung, daß seine Begabung nicht dem entspricht, was Gott in dieser Zeit von einem Christen erwartet. Dabei gehören die von ihm verfaßten theologischen Fachbücher zum Teil noch heute zu den Standardwerken theologischer Literatur. Sein Buch »Geschichte der Leben-Jesu-Forschung«, das zuerst 1906 unter dem Titel »Von Reimarus zu Wrede« erschien, ist 1951 erst wieder aufgelegt worden. Und daß er außerdem einer der bedeutendsten Organisten war und Johann Sebastian Bach auf der Orgel und literarisch in einem großen Werk gültig deutete, war seine zweite große Gabe.
Aber er legt diese beiden Begabungen beiseite und ergreift einen Beruf, für den er keine besondere Begabung mitzubringen scheint. Zwar ist er auch hier erfolgreich gewesen, aber nicht durch wissenschaftliche Werke oder besondere Erfindungen. Er wird Arzt, studiert seit 1905 neben seiner Tätigkeit als Privatdozent für Neues Testament Medizin und gründet 1913 am Äquator das Tropenhospital Lambarene. Er kann nicht theologischer Lehrer sein angesichts des Elends von Tausenden, die in den Urwäldern sterben, weil ihnen die Menschen ihre Hilfe versagen, die von ihrer Geschichte her am ehesten dazu ausersehen waren: die Christen in Europa.
1917 muß er sein Werk wegen des Krieges unterbrechen und als Internierter nach Europa zurückgehen. Nach sieben Jahren fängt er seine Arbeit neu an und baut im Laufe der Jahre eines der größten Krankenhäuser Zentralafrikas auf. Seine ursprünglichen Gaben erhalten dabei eine neue, nunmehr ganz und gar dienende Funktion: sie helfen ihm, das Geld zusammenzubringen, das er für Bauten, Angestellte, Medikamente braucht. Und die Menschen in Europa hören jetzt seine Konzerte anders, lesen seine Bü-

cher neu. Neben das fachliche Interesse muß nun das Interesse an der Gestalt der Schweitzerschen Nächstenliebe treten. Das Evangelium tritt heraus aus aller Theorie.
Als Albert Schweitzer im Alter danach gefragt wurde, ob er wieder nach Lambarene gehen würde, wenn er heute vor einer gleichen Entscheidung stünde, antwortete er: Nein, er würde sich heute als Arzt in einem Arbeiterviertel der großen Städte Frankreichs niederlassen. Seine Antwort auf den Ruf Jesu war eine aktuelle, unverwechselbare Antwort – und sie ist es geblieben. Wenn er als alter, in der ganzen Welt angesehener Mann zum Frieden rief, auf die Gefahr eines Atomkrieges aufmerksam machte, vor Rassenvorurteilen warnte, dann hatte sein Wort Gewicht durch das Beispiel, das er selbst gab – und man muß hinzufügen: deswegen haben so viele Worte kein Gewicht – weil ihnen das Beispiel fehlt, und predigten sie das lauterste Evangelium!

## Ein evangelisches Kloster

*Roger Schutz*

Als 1940 der junge Genfer Pfarrer Roger Schutz mit dem Fahrrad durch Burgund fuhr, durch verlassene Dörfer und an brachliegenden Feldern entlang, suchte er ein Haus, dazu geeignet, ein Haus der Stille zu werden, der Zuflucht, der Meditation, der geistlichen Erbauung, ein Haus, in dem er in die Tat umsetzen konnte, was ihm während seines Studiums in Genf zur Gewißheit geworden war: die Notwendigkeit einer geistlichen Erneuerung der Kirche! Er fand ein solches Haus in dem leerstehenden, käuflichen Rittergut von Taizé. Und seine Entscheidung fiel, als eine Bäuerin, die zufällig vor dem verlassenen Anwesen stand, ihm zurief: »Bleiben Sie hier! Wir sind so allein und verlassen!« Aber er fand mit diesem Haus keineswegs die Ruhe, die er suchte, sondern eine Aufgabe, einen Dienst, der ganz offensichtlich gerade zu dieser Zeit, in dieser Gegend, in diesem Hause wahrgenommen werden mußte: Nicht weit von hier verlief die Demarkationslinie zum besetzten Frankreich. Verfolgte Juden, Widerstandskämpfer, gefährdete Franzosen kamen über die Grenze und suchten Unterschlupf. Sie fanden ihn in Taizé, bis mit dem Einmarsch der Deutschen in dieses Gebiet 1942 auch Schutz selbst weichen mußte.

Schon 1945 kam er zurück, mit einem jungen Theologen und einem Landwirt. Und wieder fand er keine Ruhe, sondern eine neue Aufgabe: Im Hause sammelten sich entlassene deutsche Kriegsgefangene und zwanzig Jungen, die ihre Eltern verloren hatten. Als 1949 das Haus frei wurde, hatten Schutz und seine Brüder erkannt, daß der Dienst an der Welt zum innersten Wesen der Kirche gehört und deshalb auch im Zentrum einer notwendigen Erneuerung stehen muß. In der Osternacht legten sieben Brüder die alten Mönchsgelübde der Ehelosigkeit, der Armut und des Gehorsams ab. Roger Schutz wurde Prior. Dies bedeutete keinen Rückzug, sondern eine besondere »Verfügbarkeit« für den Dienst, wie es in der »Regel von Taizé« heißt.

In Taizé befindet sich zum Beispiel eine alte Töpferwerkstatt. Dort arbeiten nun ein Maler, ein Bildhauer und ein Architekt. Es gibt einen Arzt, der einer der Brüder ist, und eine Druckerei, in der nicht nur Bücher und Schriften der Bruderschaft oder der »Communauté« (Gemeinschaft, Gemeinwesen), wie der offizielle Name lautet, gedruckt werden, sondern auch Werke anderer, weltlicher Verlage. Die Brüder nehmen sich der brachliegenden Landwirtschaft an, gründen eine Milchgenossenschaft, die inzwischen 1200 Höfe der Umgebung umfaßt, und schließlich – zusammen mit fünf katholischen Bauern der Umgebung – eine landwirtschaftliche Produktionsgenossenschaft mit gemeinsamer Vieh- und Feldwirtschaft. Durch das Aufblühen der Landwirtschaft sieht die Bruderschaft nun aber ihr Armutsideal in Gefahr. Deswegen werden etwa die Hälfte der Brüder in kleinen »fraternités« (Bruderschaften) ausgesandt an Brennpunkte des Elends in der Welt, nicht um dort zu predigen, sondern um in gleichem Elend zu leben und zu arbeiten. Aus der Landwirtschaft aber zieht sich die Bruderschaft zurück.

Aus der Gemeinschaft des Dienstes haben sich neue Formen der Frömmigkeit entwickelt, und manche Besucher sind geneigt, die weißen Kutten der Brüder, die im Gottesdienst getragen werden, und die reichen neuen Liturgien für das Wesentliche in Taizé zu halten. Aber man darf Dienst und Gottesdienst nicht trennen. Beides zusammen hat den Brüdern zu einer neuen Erkenntnis verholfen, die seitdem im Zentrum ihrer gesamten Arbeit steht. »Finde dich niemals ab mit dem Skandal der Spaltung unter den Christen, die alle so leicht die Nächstenliebe bekennen und doch getrennt bleiben!«, heißt es in der Regel. Die verlorengegangene Einheit der Kirchen ist schuld an der Unglaubwürdigkeit der Christen in der Welt. Aber Einheit des Glaubens heißt Einheit des Dienstes, und Roger Schutz schreibt in einer seiner Schriften dazu: »Es sind drei wahrhaft ökumenische Gesten, die zu Ereignissen Gottes werden können, zu Wegen der Einheit, zu Mitteln, um dem Ökumenismus zu einer völlig neuen Dimension zu verhelfen: Vermeiden, daß es zu einem Bruch zwischen den Generationen kommt! Die Begegnung mit denen, die nicht glauben können, suchen! Die Gemeinschaft mit der Welt der Armen wiederfinden!«

So ist dieses evangelische Kloster nicht eigentlich Modell einer neuen Gemeinde, Experiment einer neuen Kirche, sondern es will Zeichen sein, auf den Weg gesetzt, den alle Christen und alle Kirchen in dieser Zeit zu gehen haben.

## Eine schlafende Kirche wird geweckt

»Unser größter Ansporn ist das Bild, das unserem Volk – schmerzlich – ins Herz gezeichnet ist, das Bild nämlich einer schlafenden Kirche, den Problemen des Volkes weit entfremdet.« Die schlafende Kirche ist die Kirche von Puerto Rico, in diesem Falle die katholische, aber es könnte ebenso eine der evangelischen Großkirchen sein, die dort ihre Gemeinden haben, die lutherische, die methodistische, die presbyterianische.

Geschrieben haben diese Worte die »Schwestern von Jesus, dem Mittler« in einer Analyse ihrer Situation und der ihres Landes aus dem Jahre 1976.

Die »Schwestern von Jesus, dem Mittler« sind ein junger Orden, entstanden im Vorfeld des Zweiten Vaticanums und offiziell gegründet einen Monat vor seinem Beginn, am 18. November 1962. Dieser Orden hat bis heute kein Statut und keine Regel, sondern ein »Buch der Praxis«, das ständig ergänzt, korrigiert, erweitert und erneuert wird. Vielleicht kommt man den Motiven dieser Gemeinschaft am schnellsten auf die Spur, wenn man die Geschichte einer Begegnung mit ihnen beschreibt im Rahmen einer Sitzung der »Kommission für Weltmission und Evangelisation« des Weltkirchenrates in Puerto Rico 1978.

Drei junge Mädchen, eine Sängerin, eine Gitarristin und eine, die an einer elektronischen Orgel sitzt, singen und spielen Stücke puertorikanischer Folklore, geistliche und weltliche. Sie sind hübsch, jugendlich elegant gekleidet und wirken wie eine professionelle Band, die ihr Geld mit Schlagern verdient. Der Generalsekretär des karibischen Christenrates zeigt auf die Sängerin und sagt, während er sie den Kommissionsmitgliedern vorstellt: »Das ist übrigens eine Äbtissin! Ihre Kassetten erfreuen sich bei der Jugend unseres Landes großer Beliebtheit.«

Es war die Oberin der »Schwestern von Jesus, dem Mittler«. Inmitten dieser kleinen Gruppe trat sie oft auf in den Slums von San Juan, der Hauptstadt, zu Evangelisationen an der Jugend. Ein ungewohntes Erscheinungs- und Berufsbild für eine Nonne! Es gibt noch mehr Ungewohntes: Nachdem die Schwesternschaft zu groß wird für eine Wohnung, mietet sie sich inmitten der Slums von San Juan ein großes Gebäude mit 22 Räumen und einem ansehnlichen Innenhof, von einer Art Kreuzgang umgeben. Es wird ein Zentrum für die liturgische Erneuerung der katholischen Kirche Puerto Ricos. Diese Erneuerung ist ein Rückgriff auf die alte einheimische Kultur, die durch die Kolonialherrschaft der Spanier völlig verdrängt worden war. Hier kommt man zur Ruhe in den Retraiten, den Meditationsrüsten, die die Schwestern anbieten. Ihre Besucher gehören allen Konfessionen an. In sogenannten »workshops« entdeckt man nicht nur alte Musik und alte Lieder, sondern auch die bildende Kunst der indianischen Ureinwohner. Aber man entdeckt auch die soziale Verantwortung gegenüber einem Volk, dem allein mit Almosen nicht geholfen ist. Die Schwestern helfen, die Ärmsten der Armen zu alphabetisieren, sie helfen ihnen, Gewerkschaften zu gründen und um ihre sozialen Rechte zu kämpfen. Sie helfen, die Kinder im christlichen Glauben zu unterweisen, und bieten den Erwachsenen das Studium der Bibel an – auch dies im Bezug zu den Problemen des öffentlichen Lebens, der Gesellschaft. Im Buch der Praxis heißt es: »Unsere Schwestern müssen frei entscheiden können, das heißt, sie müssen Möglichkeiten haben, das zu tun, was ihnen in einer gegebenen Situation als richtig erscheint ... Um uns dem heutigen Leben anzupassen, müssen wir uns eingehend damit beschäftigen, wie die Menschen leben und sich in der Welt verhalten, und all das, was uns in dieser modernen Welt konstruktiv und gesund erscheint, in unsere Gemeinschaft aufnehmen und an unseren Lebensstil anpassen.« Inzwischen gibt es auch eine »Laiengemeinschaft von Jesus, dem Mittler«, einen dritten

Orden nach der Tradition der katholischen Kirche. Seine Mitglieder bleiben in ihrem Alltag, machen sich aber im täglichen Leben die Erfahrungen der Schwesternschaft in religiöser wie auch in politischer Hinsicht zu eigen.
Aus dem Kreis um die Schwesternschaft ist die erste Messe in puertorikanischem Volksstil hervorgegangen. Sie wurde inzwischen in das offizielle Meßbuch aufgenommen, zusammen mit im gleichen Stil vertonten Psalmen. Da die katholische Kirche in Puerto Rico über keine eigene Ausbildungsstätte verfügt, studierten Schwestern an der Benediktinerhochschule in Ucimento liturgische Fragen und an der päpstlichen gregorianischen Universität in Rom Religionssoziologie.
In den letzten Jahren hat die Schwesternschaft eine Bewegung von armen Landarbeitern unterstützt, die brachliegendes Land besetzt und bebaut haben. Außerdem engagierten sie sich für den Umweltschutz, die Frauenrechte und die ökumenische Bewegung.
Wie sie »Jesus als Mittler« verstehen und sich selber wiederum als Boten, als Mittler des Evangeliums, beschreibt das oben erwähnte Dokument aus dem Jahre 1976: »Angeregt durch die Besinnung auf das Evangelium, oder besser: im Lichte des Evangeliums und im Hinblick auf die gegenwärtige historische Situation unseres Volkes nehmen wir unseren Platz in dieser Geschichte ein, indem wir versuchen, als eine Gemeinschaft zu leben und die Botschaft Christi – eine Botschaft der Befreiung – den Menschen unserer Zeit zu bringen. Diese Botschaft der Befreiung richtet sich an die Armen. Als Gruppe setzen wir uns für die Verwirklichung der Forderungen des Evangeliums mit allen ihren Folgen ein ... Es ist unsere stete Hoffnung, daß es uns gelingen möge, Bande der Gemeinschaft unter den Menschen zu schaffen oder neu zu knüpfen, nicht eine Kirche für die Armen zu bauen, sondern eine arme Kirche. Denn, wie das Evangelium uns sagt: ›An ihren Früchten sollt ihr sie erkennen!‹«

»Kirche ohne Abendmahl« – vom Weltkirchenrat anerkannt und in seine Reihen aufgenommen –, das war die »Kirche Jesu Christi auf Erden durch den Propheten Simon Kimbangu« im heutigen Zaïre in Afrika bis zum 6. April 1971. An diesem Tag feierte sie den fünfzigsten Jahrestag des ersten Wunders, das Simon Kimbangu getan und das ihn als Prophet Gottes ausgewiesen hatte: die Heilung einer kranken Frau. Höhepunkt dieser Feier, an der mitten in der Regenzeit 500 000 Menschen teilnahmen, war das erste Abendmahl, das die Gemeinde aus den Händen ihrer Priester empfing. Die Kimbangisten-Kirche übernahm für ihr Abendmahl nicht die Formen anderer ökumenischer Kirchen. Sie wählte sich eine afrikanische Form, eine Form, die in der Lage war, den Menschen Afrikas Übersetzungshilfe zu leisten für die gute Nachricht: Übersetzungshilfe ohne Substanzverlust.

Für den Gottesdienst fanden die Kimbangisten ein biblisches Vorbild: die Speisung der Fünftausend. Liegt für die abendländischen Christen die Erneuerung des Abendmahls in besonderer Weise in der Rückgewinnung der Gemeinschaft, der Tischgemeinschaft der Christen, wie sie einst Jesus mit seinen Jüngern, aber auch mit Zöllnern, Pharisäern und anderen gehabt hat, so sehen die Kimbangisten, daß Gott offenbar auch heute nicht nur einzelne, sondern ganze Völker gewinnen will. Ihre Kirche ist eine Millionenkirche, die größte ganz Afrikas, die nicht nur in kurzer Zeit, sondern unter Verfolgung entstanden ist. So entdecken sich viele Menschen als zu einem Herrn gehörend – wie die Gemeinde der Fünftausend. Die Kimbangisten lagerten auf dem Rasen, unter Palmdächern, als sie das Abendmahl empfingen, aus der Hand der dazu bestimmten Pfarrer, die weiß gekleidet waren, aber keinen Talar trugen, »denn Jesus hat auch keinen

Talar getragen«. Blechmusik und Flöten begleiteten die Austeilung, die zwei Tage in Anspruch nahm.
Für die Elemente selbst fanden die Kimbangisten keine biblische Entsprechung, die Afrikanern verständlich gewesen wäre. Im Gegenteil, der Feldzug, den diese Kirche seit ihrer Entstehung gegen den Mißbrauch des Alkohols zu führen hatte – eine der bösen Folgen weißer Eroberung –, erlaubte es nicht, Wein im Abendmahl ohne Gefahr der Mißdeutung oder gar Rechtfertigung des übermäßigen Trinkens zu verwenden. So wählten die verantwortlichen Leiter der Kimbangisten-Kirche Elemente, die in Afrika ihre Heimat haben und nicht nur Afrikanern vertraut sind, sondern auf ihre Weise deutlich machen können, daß Christus auch in Afrika der Gegenwärtige und Lebendige ist. Statt Brot bietet man eine Mischung aus Kartoffeln, Mais und Bananen an, statt Wein ein Getränk aus Honig und Wasser, aber es sind derselbe Leib Christi und dasselbe Blut Christi, die zu allen Zeiten Menschen gestärkt und im Glauben fester gemacht haben. Damit haben die Kimbangisten ein Zeichen gegeben, daß sie nicht eine Kirche der toten Buchstaben, sondern des lebendigen Geistes sind.

## Kirchenleitung einmal anders

Das Gebäude des Synodalrates der »Hervormde Kerk« (»Reformierte Kirche«) der Niederlande in Den Haag hat die Größe einer normalen Villa. Darüber staunt der fremde Besucher, wenn er erfährt, daß in diesem Hause die Verantwortung für über tausend Gemeinden und rund drei Millionen reformierte Christen wahrgenommen wird. Diese Verantwortung weist unter anderen zwei bemerkenswerte Züge auf, die Nachahmung verdienen.
Zuerst fällt der Stil, und zwar der bescheidene Stil auf,

in dem hier »geleitet« wird: Nur eine Handvoll Mitglieder dieses »Landeskirchenamtes«, dieses »Konsistoriums«, sitzen mit ihren Sekretärinnen in Den Haag selbst, während siebenundzwanzig weitere Mitglieder mit ihren (kleinen!) Dienststellen im Lande verteilt sind. Es gab Versuche, den gesamten Synodalrat in Den Haag in einem repräsentativen Gebäude zusammenzufassen. Dieser Plan wurde aufgegeben, nicht in erster Linie aus Ersparnis-, sondern aus sachlichen Gründen: die Arbeit soll näher an der Basis bleiben. Das für den Neubau vorgesehene Grundstück wurde wieder verkauft, und van den Heuvel, der damalige Generalsekretär, tauschte übrigens gerade in der Woche, in der ich ihn besuchte, wegen der Energiekrise seinen großen Audi gegen einen kleinen Opel um.

Zum anderen fällt die Offenheit auf, mit der sich der Synodalrat Experimenten stellt. Wie integriert man Gruppen, die experimentieren? Nach welchen Gesichtspunkten beurteilt man die sogenannten kritischen Gemeinden? (»Kritische Gemeinde« ist in den Niederlanden eine offizielle Bezeichnung für eine experimentierende Gruppe.) Man ist großzügig. »›Daß nur Christus verkündigt wird auf allerlei Weise!‹, das ist unser Hauptgesichtspunkt«, sagte Albert van den Heuvel. Die niederländischen Kirchen hätten es allerdings leichter als zum Beispiel die deutschen, weil sie in Lehrfragen immer schon viel pragmatischer gehandelt hätten. Von daher erkläre sich auch die große Aufgeschlossenheit aller niederländischen Kirchen in ökumenischen Fragen.

Methodisch geht der Synodalrat, wenn er Kenntnis von einer neuen »kritischen Gemeinde« erhält, so vor:

Vertreter des Synodalrates besuchen die Gruppe. Die Reisen des Synodalrates dienen überhaupt fast ausschließlich dem Besuch solcher Gruppen. Beim ersten Besuch hört man nur zu und informiert sich. Erst beim zweiten Besuch – solche Gruppen werden immer wenigstens

zweimal besucht – redet man mit ihnen auch kritisch, wenn es sein muß.
Der Synodalrat legt bei seinem zweiten Besuch die »kritischen Gemeinden« auf zwei Bedingungen fest: 1. Sie müssen in ständigem Gespräch bleiben mit solchen, die anders denken! 2. Sie müssen mit der örtlichen Gemeinde, in deren Bereich sie entstehen, in Frieden leben.
Man sieht das Risiko, das damit verbunden ist. Manche »kritischen Gemeinden« sind im Grunde genommen genau so autoritär wie manche herkömmlichen Gemeinden und würden, kämen sie zur »Macht« (etwa in der Synode oder in der Kirchenleitung, d. h. dem Synodalrat), vielleicht genausowenig offen sein wie diejenigen, die sie gerade wegen ihres Mangels an Offenheit bekämpfen. Aber das wagt man! Die Verfassung der »Hervormde Kerk« gibt den Gemeinden sogar Freiheit, selbständig Verträge mit Gemeinden anderer Konfessionen abzuschließen. Das sieht für unsereinen fast so aus, als sei das Übertreten der Verfassung Bestandteil der Verfassung. Und das stimmt! Die Verfassung ist in einem Ringbuch gedruckt, weil sie in jedem Jahre im Durchschnitt zwei- bis dreimal geändert wird.
Dem Präsidenten des Synodalrates passierte vor einigen Jahren folgende Geschichte: Er hatte eine Auseinandersetzung mit einem Kirchenvorstand in einer bestimmten Sachfrage. Als er sich zu einem Besuch angemeldet hatte, schrieb ihm der Kirchenvorstand ab. Er fuhr daraufhin dreimal hintereinander zur Zeit der Sitzung in diese Gemeinde und stellte sich – jedesmal im Regen! – vor die Tür des Gemeindehauses. Am dritten Abend ließ man ihn ein, und er verhandelte so lange, bis man sich einig war. Kirchenleitung einmal anders!

# Heilung durch Ferien

*Bernhard Jansa*

Drei Ereignisse trafen zusammen. Erstens: Das Pfarrhaus des Pfarrers Bernhard Jansa in Sonneberg in Thüringen füllte sich mit Menschen, die angezogen wurden von der stillen Kraft seiner Predigten, von der seelsorgerlichen Behutsamkeit, von dem offenkundigen Geschick im Umgang mit allen Formen des Leides – Eigenschaften, die diesen Pfarrer auszeichneten. Es ging in seinem Haus ähnlich zu wie in dem Pfarrhaus Blumhardts hundert Jahre vorher.

Jansa brauchte Platz, und er brauchte Menschen, um mit der Fülle der Aufgaben fertig zu werden, die Gott ihm vor die Füße gelegt hatte in den Jahren nach dem Krieg, in den Jahren des Hungers, der Trauer, des körperlichen und seelischen Elends. Gott verschaffte ihm beides!

Zweitens: Eines Tages erscheint die Oberin der Anna-Stift-Schwesternschaft, die Anfang des Jahrhunderts entstanden war, in seinem Hause und bestimmt Pfarrer Jansa zu ihrem neuen Leiter. Aber Jansa wollte keinen Orden, er wollte Gemeinde, neue Gemeinde, in der die Gaben des Neuen Testamentes einen Platz haben und jeder das Maß an Verantwortung mittragen sollte, das seinen Fähigkeiten zukam. So wurde die winzige Schwesternschaft eine Gemeindezelle und fand Quartier in einem stillgelegten Bahnhofshotel, bis 1957 die Kirchenleitung der Kirchenprovinz Sachsen Pfarrer Jansa einen leerstehenden Gebäudekomplex in Salzelmen, das »Schniewindhaus«, für seine Arbeit übergab – das war das dritte Ereignis. Inzwischen beherbergt das Haus über fünfzig Schwestern, das heißt, es ist ihre Heimat, denn ein Teil von ihnen ist in Gemeinden der gesamten DDR tätig. Sie betrachten alle miteinander die Verkündigung des Wortes als ihre Hauptaufgabe, und ihr vielfältiger Dienst an Kranken, besonders an seelisch und nervlich Kranken, aber auch an

Müden und Zerschlagenen, an Einsamen und Verlassenen ist Illustration dieses Dienstes. Das Schniewindhaus in Salzelmen erhält sich ganz und gar aus freiwilligen Spenden. Die Arbeit ist eigentlich »unmodern« im Vergleich zu anderen diakonischen und bruderschaftlichen Werken, weil man sonst viel stärker geneigt ist, die Tat an die Stelle des entwerteten Wortes zu setzen und erst dann zu verkündigen, wenn aus der erfahrenen Hilfe heraus danach gefragt wird. Aber es zeigt sich, daß Begriffe wie »modern« und »unmodern« überall dort nicht am Platz sind, wo Menschen im Gehorsam die ihnen von Gott übertragene Aufgabe erkennen und wahrnehmen.

## Brot für die Welt

»Von den 2,85 Milliarden Erdbewohnern sind 56 % unzureichend ernährt. 20 % – das sind rund 575 Millionen Menschen! – leben am Rande des Verhungerns. Mehrere Millionen sterben jährlich an den Folgen des Nahrungsmangels. Nur 24 % der Weltbevölkerung – es sind im wesentlichen die Weißen – haben genug zu essen. Das darf keinen Menschen in unserem Lande gleichgültig lassen. Wer darüber hinwegzusehen versucht, versündigt sich.« Diese Zahlen sind längst überholt. Auf der Erde wohnen inzwischen 5 Milliarden Menschen, und nach einer neuen Untersuchung rechnet man im Jahre 2020 mit 7,7 Milliarden! Die Lage ist weit ernster geworden. Aber die Worte behalten ihre Bedeutung, denn es sind die ersten eines Aufrufes aus dem Jahre 1959.
Die Kirchen der Deutschen Demokratischen Republik wie auch der Bundesrepublik Deutschland riefen zu Weihnachten 1959 erstmals zu einem Opfer auf, das inzwischen viele Millionen Mark erbracht und vielen Menschen in den Hungergebieten der Erde ihre Existenz er-

halten oder ihnen zu einer neuen Existenz verholfen hat. Auch die evangelischen Freikirchen sind daran beteiligt. Es handelt sich um die Aktion »Brot für die Welt«. Worin liegt ihr Sinn? Die Antwort liegt nahe. Wir leben in einem Lande, das durch den Krieg in tiefstes Elend gestürzt wurde. Es war ein selbstverschuldetes Elend, und die Hilfe, die uns nach dem Kriege zuteil wurde, war in keiner Weise selbstverständlich. Auch die Gaben der Christen anderer Länder, die uns im schlimmsten Hunger halfen, waren Ausdruck der Liebe und Vergebungsbereitschaft, die ihren Grund im Neuen Testament haben. Inzwischen geht es uns gut. Wir gehören zu den reichsten Ländern der Erde. Hilfe von Freunden und der eigene Aufbauwille haben Erstaunliches geleistet. Nun ist es an der Zeit, daß wir Menschen helfen, die unter Armut und Hunger leiden. Sie wohnen in Ländern, die durch die Schuld der Kolonialmächte wirtschaftlich weit zurückgeblieben sind und deshalb einen zusätzlichen Anspruch auf unsere Hilfe haben. Das Ungewöhnliche dieser Aktion liegt nicht im Opfer. Christen sind es zu allen Zeiten gewöhnt gewesen, Opfer zu bringen, für Arme und Hungernde zu sorgen. Das Ungewöhnliche liegt in der Art der Hilfe, die hier geleistet wird. Es geht nicht einfach um Lieferung von Brot und Medikamenten, um »Almosen«, sondern es geht um Hilfe zur Selbsthilfe! Den Betroffenen soll so geholfen werden, daß sie in der Lage sind, sich selbst zu helfen. Betriebe werden eingerichtet, moderne Anbaumethoden eingeführt und Schulen und Werkstätten gebaut, in denen Fachpersonal ausgebildet werden kann – auf Kosten christlicher Brüder und Schwestern in reicheren Ländern der Welt.

## Überholte Ortsgemeinde

Das Wort »überholen« kann man in der deutschen Sprache auf doppelte Weise verstehen. Überhole ich ein Auto, kann das bedeuten, daß mein Auto schneller fährt – ich »überhole«. Es kann aber auch heißen: ich bringe mein Auto in die Werkstatt und lasse es reparieren, »überholen«.

In diesem doppelten Sinne überholen die kirchlichen Basisgemeinschaften innerhalb der katholischen Kirche in Lateinamerika die Ortsgemeinden. »Somit ist die kirchliche Basisgemeinschaft der primäre Kern, der auf seiner eigenen Ebene sowohl für die Quellen und für die Ausbreitung des Glaubens als auch für den Gottesdienst als seine Äußerung Verantwortung tragen muß. Sie ist deshalb die ›Initialzelle‹ der Kirchenstruktur, die Quelle der Evangelisation und gegenwärtig das ursprüngliche Element menschlichen Fortschritts und der Entwicklung.« So steht es in den Beschlüssen der Zweiten Generalkonferenz der lateinamerikanischen Bischöfe, die 1968 in Medellin stattfand. Die kirchlichen Basisgemeinschaften, entstanden in Brasilien, Panama und Chile, sind nicht nur anerkannt in allen Kirchen Südamerikas, sie sind auch inzwischen über alle diese Kirchen verbreitet, kleine Gruppen, vorwiegend auf dem Lande, aber auch in den großen Städten, besonders in den Randgebieten, bestehend aus Laien, Ordensleuten und Priestern, nicht größer als vierzig, fünfzig Menschen, nicht kleiner als zehn, zu den Ortsgemeinden gehörend, aber nicht von ihnen abhängig. Eine Erneuerungsbewegung, die die katholische Kirche in Lateinamerika aus der Erstarrung herausgeführt hat zu einem neuen, lebendigen und vor allem weltbezogenen Glauben! Wie kam es dazu?

Es gibt darüber folgende Geschichte: In der brasilianischen Provinz Natal sprach während einer Pastoralvisitation eine alte Frau ihren Bischof an. »In Natal sind drei protestantische Kirchen erleuchtet und überfüllt. (Anmerkung: In Brasilien bilden die evangelischen Kirchen eine kleine Minderheit.) Wir hören, wie sie Choräle singen ... und unsere katholische Kirche, sie ist geschlossen und dunkel ... weil wir keinen Priester bekommen.« Zwar ist diese Geschichte verbürgt, aber sicher ist sie nicht die einzige und auch nicht die erste. Denn überall in Brasilien herrscht Priestermangel, so daß in manche Dörfer der Priester nur einmal im Jahr kommen kann, um die Messe zu lesen. An eine katechetische Unterweisung der Kinder wie an eine pastorale Betreuung der Erwachsenen ist unter solchen Verhältnissen nicht zu denken. Aus den Fragen erwuchs eine Idee. 1956 machte ein Priester, der Monsignore Angelo Rossi, der später einmal Bischof werden sollte, daraus eine missionarische Bewegung innerhalb seiner Gemeinde. Er bildete sogenannte »Volkskatecheten« aus, Laien, die in die Lage versetzt wurden, einmal in der Woche katechetischen Unterricht zu erteilen und an Sonn- und Festtagen zur üblichen Zeit der Messe die Gemeinde zu versammeln zu einer »Messe ohne Priester«, in der die Gemeinde mit ihrem Gebet die Messe begleitet, die an diesem Sonntag ihr Priester in einer fernen Gemeinde feiert. Manchmal hört sie dazu eine vom Bischof im Radio gehaltene Predigt, manchmal wird eine solche Predigt vorgelesen. Der Bischof bekam aus einem seiner Dörfer einen Brief, in dem man ihm schrieb: »Herr Bischof, zum erstenmal haben wir auf unserer Insel die Heilige Woche gefeiert. Es war eine junge Lehrerin, die sie mit uns gefeiert hat.«

Die lebendigen Gruppen, die kirchlichen Basisgemeinschaften, die daraus entstanden, trafen sich auch in der Woche zu Gebetsgemeinschaften. Aber sie richteten auch Näh- und Schneiderkurse für die Ortsbewohner ein. Mit der Zeit entdeckten sie die Probleme ihres Volkes als ihre eigenen Probleme, das heißt als Probleme, zu deren Lösung sie das Evangelium aufforderte. Unterernährung, epidemische Krankheiten, Analphabetentum, aber auch die Ausbeutung der Menschen und die ungerechten wirtschaftlichen Strukturen des Landes mit seiner Masse von armen und ärmsten Landarbeitern und reichsten Großgrundbesitzern kam in ihren Blick. Sie bauten keine großen Kirchen, aber schlichte Versammlungsräume, in denen sie sich treffen und beraten konnten. Sie schafften sich Ausbildungszentren. Sie schufen Radioprogramme zur Aus- und Weiterbildung und fuhren mit fahrbaren Schulen, mit sogenannten »Bildungsautos«, über Land. Schon 1963 gab es im Bistum Natal allein 1410 »Radioschulen«. 1979 rechnete man in Brasilien bereits mit 40 000 solcher Basisgemeinschaften. José Marins, einer ihrer Initiatoren und Publizisten, hat eine Liste von Merkmalen zusammengestellt, aus denen ein paar interessante und wesentliche zitiert werden sollen:

Die Mission ist bestimmend mit vermehrten »Peripherie-Kontakten«, zu denen, die der Kirche entfremdet oder keine Christen sind; man sorgt für Gemeinschaft im Sinne einer Lebensgemeinschaft mit gegenseitiger Hilfe und einer persönlichen Atmosphäre in den Zusammenkünften; die Begabungen der Glieder spielen eine große Rolle und werden in den Dienst des Ganzen gestellt; die Kirche braucht eine stärkere Dezentralisierung, das heißt eine stärkere Einbeziehung der Basis in die Gestaltung des gesamten, auch des liturgischen Lebens der Kirche und damit verbunden einen stärkeren Pluralismus; auch die Erwachsenen brauchen eine katechetische Unterweisung, die auf das tägliche Leben Bezug nimmt; die Sakramente sollen in diesen Gemeinschaften einen Sitz im Leben bekommen; man braucht einen neuen Priestertyp, der Koordinator und Berater von Gemeinschaften ist und das Laienelement aktiv einbezieht; die Kirche soll auf äußere Macht verzichten zugunsten ihrer geistlichen Wirksamkeit; zusammengefaßt: die Ortsgemeinden sollen sich umformen in einen Zusammenschluß kirchlicher Basisgemeinschaften. Als evangelischer Betrachter ist man erstaunt, wie sehr sich nicht nur die Probleme der evangelischen und der katholischen Kirche gleichen, sondern auch die Lösungsversuche. Es fallen einem Stichworte ein wie Bibelarbeit in Gruppen und Hauskreisen, Akademien und Gemeindeseminare, Familienrüstzeiten, Tischabendmahl, Aktivierung der Laien, Entdeckung und Zurüstung von Charismen, charismatische Bewegung ...

Von diesen neuen evangelischen Gruppen gilt das gleiche, was José Marins über die kirchlichen Basisgemeinschaften sagt: »Die Behauptung, daß die kirchliche Basisgemeinschaft die Kirche ist, mag als ziemlich harmlos erscheinen, aber gerade weil sie die Kirche selber ist, ist sie eine sehr gefährliche Sache, denn die Kirche ist gefährlich. Sie ist ein revolutionärer Sauerteig in der Geschichte, die die Welt nach Christi Werten und Maßstäben neu ordnet.«